방송문화진흥총서 234

기자의 생각 습관

뉴스 생산 과정에서 인지 편향은 어떻게 일어나는가?

방송문화진흥총서 234

기자의 생각 습관

뉴스 생산 과정에서 인지 편향은 어떻게 일어나는가?

발행일 | 2023년 12월 29일 1쇄 발행

지은이 | S. Holly Stocking & Paget H. Gross

옮긴이 | 김소형 · 이완수

펴낸이 | 박기남

기획 · 영업 | 박정헌

펴낸곳 | **율곡출판사**

등록 | 1989.11.10. 제2014-000031호

주소 | 서울시 금천구 가산디지털1로 84(에이스하이엔드 8차), 803호

전자우편 | yulgokbook@naver.com

홈페이지 | http://www.yulgokbooks.co.kr

전화 | (代) 02) 718-9872/3

팩스 | 02) 718-9874

ISBN 979-11-91812-61-9 93070

정가 13,000원

이 책은 MBC재단 방송문화진흥회의 지원을 받아 출간되었습니다.

※ 옮긴이와의 협의하에 인지는 생략합니다.

※ 파본 및 잘못된 책은 구입하신 서점에서 바꾸어 드립니다.

How Do Journalists Think :
A Proposal for the Study of Cognitive Bias in Newsmaking

방송문화진흥총서 234

기자의 생각 습관

How Do Journalists Think : A Proposal for the Study of Cognitive Bias in Newsmaking

S. Holly Stocking & Paget H. Gross 지음 | 김소형 · 이완수 옮김

율곡출판사

| 한국의 독자들에게 |

김소형 박사와 이완수 박사가 한국에서 『기자의 생각 습관』을 읽을 독자들을 발굴해 내어 기쁩니다. 이 책을 통해 새로운 세대의 학자와 연구자들이 우리가 제안한 바가 시간과 문화를 뛰어넘어 여전히 유효한지, 그리고 만일 그러하다면 어떻게 유효한지에 대해 연구하도록 동기부여가 되길 바랍니다. 1989년 이 책이 출간된 이후 심리학 분야에서 인지 편향과 오류에 관한 연구뿐만 아니라 미국과 전 세계에서 기자의 행동에 관한 연구들이 많이 발표되었습니다. 창의적인 연구자가 풀어야 할 과제는 이러한 최근의 연구 결과에 비추어 우리가 이 책에서 제안한 바를 실증적으로 검토하고 수정하며 확장해 나가는 것입니다. 한국과 세계 곳곳에 있는 기자와 독자들을 위하여 『기자의 생각 습관』이 이러한 연구에 불을 지피는 계기가 되길 바랍니다. 이 책이 한국어로 번역될 수 있도록 열의와 공을 들인 김 박사와 이 박사에게 깊은 감사를 드립니다.

2023년 11월 10일

미국 인디애나 대학 블루밍턴에서

홀리 스토킹과 파제 그로스

I am pleased that Dr. So Hyung Kim and Dr. Wansoo Lee have made it possible for How Do Journalists Think? to find readers in South Korea. The hope is this volume will encourage a new generation of scholars and researchers to study if and how our proposals hold up across both time and cultures. Since the book's original publication in 1989, considerable additional research has been published in the psychological literature on cognitive biases and errors. The same is true for studies of journalists' behavior in the United States and across the world. The challenge for creative investigators is to empirically examine, modify, and/or extend our proposals in light of these more recent findings. It is my hope that How Do Journalists Think? will be the spark that ignites such investigations—for the benefit of journalists and their audiences in your country and elsewhere. To Dr. Kim and Dr. Lee who have worked hard to make this translation possible, our deep gratitude.

10th November 2023

S. Holly Stocking, co-author with Paget H. Gross,

of How Do Journalists Think?,

Indiana University–Bloomington, USA

| 들어가는 글 |

최근 인지과학자들은 사람들이 어떻게 생각하는가에 대한 인상 깊은 새로운 지식체계를 도출해 냈다. 이러한 연구의 상당 부분이 뉴스 생산의 실전과 연구에 커다란 잠재적 연관성을 가짐에도 뉴스 생산에 관한 연구에서는 거의 발견되지 않는다.

왜 이렇게 간과해 버리게 되었는지에 대한 이유는 명확하지 않다. 그러나 그러한 인지 연구가 대중매체 학자들에게 알려지지 않은 것은 유감스러운 일이다. 최근 몇 년간 인지적 통찰력 덕분에 뉴스 소비자들에게 영향을 미치는 대중매체의 효과 연구는 극적인 전환을 하기 시작했다. 그렇다면 왜 뉴스 생산자 연구에서는 이러한 인지적 지식체계에 대해 상대적으로 무관심한가?

이는 "뉴스 생산" 연구와 "효과" 연구의 주요 가정들이 다르며, 이러한 차이로 인해 효과 연구자들은 인지과학적 지식체계를 수용해 온 데 반해, 뉴스 생산 연구자들은 수용하지 않았기 때문이다. 효과 연구에서 지배적인 가정은 수용자가 정보의 적극적인 소비자라는 것이다. 그들이 자동으로 뉴스 미디어의 영향을 받는 것은 아니다. 그와는 정반대로 뉴스 소비자는 뉴스 주제에 관해 자신들이 원래 갖고 있던 지식과 태도, 신념을 포함한 여러 요인에 따라 매우 다르게 영향을 받는 것으로 가정된다. 요약하면 인지과학자들에게 잘 알려진 대로 수용자는 미디어 메시지를 수동적으로 수용하는 것이 아니라 적극적으로 변환시킨다.

이와는 대조적으로 뉴스 생산 연구에서 지배적인 가정은 무엇이 결국 뉴스가 되는가에 대해 개별 저널리스트는 거의 할 말이 없다는 것이다. 실제로 뉴스 수용자들과는 매우 다르게 저널리스트는 (업무조직을 포함한) 그들의 환경에 의한 엄청난 제약 때문에 뉴스 주제에 대한 개인의 지식과 태도, 신념이 상대적으로 뉴스에 거의 영향을 미치지 않는 것으로 보인다.

이러한 환경적 요인에 대한 강조는 우리가 뉴스 생산에 대해 이해하는 데 중요한 역할을 해왔다. 그러나 이러한 점 때문에 일부 연구자들은 개인들이 정보를 적극적으로 변환한다는 인지과학의 가정이 기여하는 바가 거의 없다고 추측했을 것이다. 최근에 한 동료 연구자가 "장담하건대 인지 이론들은 흥미롭지만 저널리스트의 행동에서 아주 작은 부분의 차이만을 설명한다"[1]라고 말했듯이 말이다.

인지과학이 기여할 만한 가치가 거의 없다는 주장과는 달리 최근의 인지과학 연구 결과는 뉴스 생산 연구에 큰 기여를 하고 있다는 것이 이 책의 가정이다. 인지심리학자들과 여타 인지과학자들이 개별 수용자를 맥락과 동떨어져 연구하는 경향이 있음에도 그들은 인지가 맥락과 독립적이거나 특이하다고 가정하지 않는다. 사려 깊은 심리학자라면 인식은 공유될 수 있으며, 환경적 요인에 의해 구성될 수 있다고 말해 줄 것이기 때문이다.

또한 인지의 매개 역할을 이해하지 못한 채로는 결코 환경적 제약조건들의 영향을 제대로 이해하기 어렵다. 네덜란드 연구자 튠 반 다이크Teun van Dijk는 뉴스 담론에 대한 자신의 저서에서 "… 제도적 통제, 경제력, 전문 조직이나 저널리스트로서의 일상적 업무 관행과 가치가 실제로 어떻게 수많은 뉴스 생산 활동에서 사회적으로 수행되는지에 대한 자세한 분석 없이 이러한 요인들이 어떻게 정확하게 작동하는가를 밝혀내기란 불가능하다"고 주장해 왔다(van Dijk, 1988a, 98쪽).[2] 따라서 사회학적 관점에서 뉴스 생산을 이해하고자 하는 연구자들에게 인지과학이 거의 중요하지 않다는 주장과는 달리, 인지과학은 그러한 변인들이 어떻게 효과를 주는가를 정확하게 탐구해 내기 위한 중요한 방법들을 제공한다.

만일 인지과학이 그것을 제공한다고 하면 그것은 엄청난 것이다. 그러나 최근 인지과학에서 얻은 연구 결과를 뉴스 생산 연구에 적용하면 더 많은 것들을 얻을 수 있다. 실제로 이러한 지식은 기사 선택에 관해 기존에 연구된 현상들 그 이상으로 기술하고 설명할 일련의 현상들을 밝혀내 준다. 그럼으로써 저널리스트가 어떻게 뉴스를 처리하는가에 관한 새로운 연구를 위한 수많은 가능성을 제공해 준다.

이어지는 장에서 우리는 최근 인지과학자들이 내놓은 연구들에 대해 논의할 것이다. 특히 인지적 편향과 오류를 다루고 있는 인지심리학의 영역을 논의할 것이다. 우리는 이러한 연구가 어떻게 미디어가 현실에 대한 저널리즘적 설명을 구성하는지에 대해서뿐 아니라 아주 오래된 미디어 편향 문제에 대해서도 중요한 통찰력을 제공해 준다고 믿는다.

인지과학의 한 특정 분야인 인지심리학에 기대지만, 우리 분야 연구자들이 탐색할 수 있는 광범위한 연구 분야에서 인지심리학이 유일한 영역이라고 말하는 것은 아니다. 전혀 그렇지 않다. 하지만 인지심리학은 특히 잘 개발되어 있으며 뉴스 생산 연구에서 특별한 가치가 있다고 믿는다.

이 책의 구조는 간단하다. 첫 장에서 우리는 미디어 편향, 그리고 연구자들이 저널리스트가 구성하는 메시지와 그러한 메시지 구성에 영향을 미치는 요인들에 관해 연구해 온 방식들에 대해 논의한다. 이와 더불어 인지 편향과 오류에 관한 연구가 그러한 탐색에 가치 있는 무언가를 제공해 준다는 우리의 주장을 소개한다. 그 다음 장들에서는 기본적인 인지 과정들에 대해 논하고 이러한 인지 과정과 관련된 유의미한 연구들에 대해 살펴본 다음 심리학자들이 밝혀낸 인지적 편향과 오류가 어떻게 뉴스 생산에 영향을 미칠 수 있는가에 대해 살펴본다. 마지막으로 이러한 연구작업들이 뉴스 생산 연구에 영향을 미치는 지점들에 대해서 살펴본다.

이 책을 출판하는 데 많은 이들로부터 유용한 피드백과 지원을 받았다. 여기에는 댄 버코비츠Dan Berkowitz, 쉐론 던우디Sharon Dunwoody, 데이브 켄아머Dave Kennamer, 낸시 라마르카Nancy LaMarca, 데이브 노드Dave Nord, 엘리제 파르시잔Elise Parsigian, 데이브 프리차드Dave Pritchard, 데이비드 로스코스에월슨David Roskos-Ewoldsen, 마크 스나이더Mark Snyder, 데이비드 위버David Weaver, 론 웨스트럼Ron Westrum,

그리고 제1 저자인 스토킹Stocking의 대학원 세미나 〈뉴스 취재 과정〉 수강생들이 포함된다.

매스커뮤니케이션학과 심리학 분야의 유수 대학에서 익명의 다섯 분이 이 책에 대한 추가적인 피드백과 창의적인 통찰력을 제공해 주었다. ERIC/RCS의 브루스 톤Bruce Tone은 세계 최고로 멋진 편집을 해 주었다. ERIC의 마이클 쉐르미스Michael Shermis와 로렌 본지아니Lauren Bongiani, 인디애나대학 그래픽학과의 잔 소르비Jan Sorby가 우수한 전문 제작기술을 제공해 주었다. 인디애나대학 저널리즘 스쿨의 캐시 노튼Cathi Norton과 글렌다 케첨Glenda Ketcham이 훌륭한 비서업무 지원을 해줬다. 그리고 많은 분이 있지만, 특히 빅토리아 베드포드Victorial Bedford와 빌 팀벌레이크Bill Timberlake는 이처럼 길고 확실치 않은 출판이 동반하는 위험부담을 무릅쓰면서 아직 정년이 보장되지 않은 교수가 필요로 하는 심리적 지원을 해줬다.

지금까지 언급한 모든 분과 우리의 탐색적 연구에 흔쾌히 참여해 준 익명의 저널리스트들에게 마음 깊이 감사를 표한다. 이 책에서 어떤 흠이 발견되더라도 그것은 전적으로 우리 저자들의 몫이다.

이 책을 발간하는 데 도움을 주신 많은 분들과 우리는

이 책을 통해 뉴스 생산 연구자들 사이에 인지과학에 관한 관심이 생기기를 희망한다. 지금까지 우리가 여기서 제기된 일부 가능성에 대해 전혀 알지 못했다면, 그것은 적어도 부분적으로는 우리가 그것을 보지 못하도록 방해하는 지배적인 가정들에 얽매여 있었기 때문일 것이다.

홀리 스토킹·파제 그로스

| 옮긴이의 글 |

뉴스 생산 주체는 기자다. 기자는 정보를 선택, 평가, 처리, 통합이라는 과정을 거쳐 뉴스를 생산하는 최종 결정자이다. 기자가 뉴스를 만드는 과정에 영향을 미치는 요소들은 많다. 기자 개인의 가치나 신념, 미디어 조직의 관행과 더불어 정치·경제적 환경, 이데올로기, 문화 등 복합적 요인들이 작용한다. 전통적으로 뉴스 연구자들은 이들 외적 환경요인들을 중심으로 뉴스 생산 과정을 설명해 왔다. 그러나 기자가 외부 정보를 수용하고 처리할 때 머릿속 인지 과정이 어떻게 일어나는가 하는 문제는 간과해 왔다.

미국 저널리스트 출신 언론학자인 스토킹Stocking과 그로스Gross가 1989년에 펴낸 책 *How Do Journalists Think? A Proposal for the Study of Cognitive Bias in Newsmaking*은 기자들이 뉴스를 생산하는 과정에 그들의 머릿속에서 어떤 일이 일어나는지를 보여준 최초의 연구서다. 이 책이 나온 지 35년이 지난 지금까지 뉴스 편향 문제를 기자의 인지적 요인에 주목해 설명한 연구는 드물다(D. Ryfe, 2022). 그런 점에서 이 책은 뉴스 생산 과정을 주로 외부의 환경제약 요인에 의존해 설명해 왔던 전통 연구자들에게는 따끔한 죽비竹篦와 같다.

저자들은 첫째, 기자들이 뉴스를 생산할 때 자주 범하는 편향과 오류는 외적 환경요인 때문인가? 둘째, 뉴스에 포함된 수많은 편향과 오류는 기자들의 내적 인지 기제와는 무관한가? 셋째, 뉴스 생산에 영향을 미치는 외적 환경요인은 기자들의 내적 인지 과정에 어떻게 개입하는가? 넷째, 기자들이 생각하는 방식이나 마음, 그리고 습관은 뉴스 편향이나 오류와 어떤 연관성이 있는가?에 대해 질문한다. 그리고 답한다. "우리가 매일 보고 읽는 뉴스의 편향과 오류는 외부의 환경적 제약요인으로만 설명할 수 없다."

우리가 발간된 지 제법 오래된 이 책을 역서로 펴내기로 마음먹은 이유는 두 가지다. 첫째, 뉴스의 편향과 오류를 설명하는 근본적이면서도 본질적인 이유를 설명해 주고 있기 때문이다. 우리는 기자들이 뉴스를 생산할 때 편향과 오류를 범하는 이유를 이 책만큼 설득력 있게 설명한 책을 아직 보지 못했다. 둘째, 기자들의 뉴스 편향과 오류를 '사회적 요인'이 아닌 '인지적 요인'에 바탕을 두고 설명하는 놀라운 통찰력을 제시해 주고 있기 때문이다.

기자와 뉴스에 관한 편향 연구는 수없이 많이 이뤄져 왔다. 하지만 기자의 머릿속에서 정보가 내재적으로 어떻게 왜곡·편향되며, 그 결과 뉴스가 왜 오류를 낳게 되는지에 대한 인지적 개념과 이론적 단서들을 제시한 연구는 별로 없었다.

많은 언론사가 최근 인공지능AI을 활용해 뉴스를 만들기 시작했다. 일부에서는 AI가 마치 도깨비방망이처럼 뉴스를 뚝딱 만들어 낼 것으로 기대하는 것 같다. 절대 그렇지 않다. AI가 만들어 내는 뉴스도 결국 기자의 머릿속에서 작동하는 인지적 절차를 건너뛸 수 없다. 뉴스 생산을 위한 궁극적인 주체는 기자다. 기자가 정보를 인출, 선택, 투입, 조직, 통합, 수정의 과정을 거치는 '생각 습관'이 AI로 생산된 뉴스에도 개입할 것이다. 기자의 머릿속 인지 절차 과정이 뉴스의 편향과 오류에 어떻게 영향을 미치는가 하는 문제는 AI 시대에도 여전히 중요하다. 뉴스에서 편향의 문제는 기자의 '생각 방식'이나 '생각 습관'과 떼어놓고 설명될 수 없다. 우리가 원저자의 책 제목을 약간 변형해 『기자의 생각 습관 : 뉴스 생산 과정에서 인지 편향은 어떻게 일어나는가?』로 정한 이유이기도 하다.

탈진실과 AI 시대에 접어든 오늘날 뉴스 편향과 오류의 문제는 우리 사회의 뜨거운 화두로 등장했다. 뉴스 편향과 오류가 일어나는 근본적인 이유를 이 역서가 상당 부분 설명해 줄 것이다.

2023년 12월 섣달

이완수 · 김소형

| 차례 |

CHAPTER 01

미디어 편향인가, 아니면 인지 편향인가?

월터 크롱카이트Walter Cronkite가 "자 지금까지 말씀드린 대로입니다That's the way it is"라는 말로 뉴스 방송을 마칠 때 정치인들이 비웃곤 했다는 것은 잘 알려진 사실이다. 그 당시 정계 대다수 사람들에게는 CBS를 비롯한 주류 뉴스 미디어에서 묘사하는 현실이 그들이 알고 있는 현실을 있는 그대로 반영하지 않는 것으로 보였기 때문이다. 실제로 미디어는 현실을 심각하게 왜곡했다.

물론 월터 크롱카이트 시대 이후로 미디어 왜곡에 대한 비난이 잦아든 것은 아니다. 진보·보수 진영 양측의 정치인들은 뉴스 미디어가 최선의 경우 자신들의 신경을 거슬리게 하거나 최악의 경우엔 파괴적인 방식으로 뉴스를 편향되게 보도하고 있다고 맹비난해 왔다. 정치인들만 그러한 주장을 하는 것은 아니다. 일반 공중들이 보내온 독자투고란은 언론이 편향됐다는 비난으로 가득하다. 더 중요하게는 서베이 연구가 시사하듯이 단지 소수의 공중만이 뉴스 미디어가 편파적이지 않다고 생각하며(Gallup, Stevenson & Greene, 1980에서 재인용), 그 나머지는 미디어가 뉴스를 왜곡한다고 믿고 있다. 비록 정치인의 경우에는 보수냐 진보냐에 따라 왜곡의 방향에 대한 상당한 불일치가 존재했지만 말이다.

최근 몇 년간 뉴스를 연구하는 다수의 사회과학자들도 크롱카이트가 시사한 바와 같이 뉴스 미디어가 "있는 그대로"를 비추기보다는 왜곡하고 있다는 결론을 내리고 있다. 좀 더 중립적으로 말하자면 뉴스 미디어는 세상의 "어수선하고 터무니없는 혼란"으로부터 현실을 구성하며, 그 과정에서 뉴스 미디어는 종종 인구통계학자, 정보원, 수용자들이 현실을 인식하는 바대로 "현실"을 반영하지 못한다. 실제로 요즘 뉴스 연구자들은 뉴스 미디어의 왜곡 여부whether보다는 어떻게how 왜곡하는가의 문제에 더 집중하는 것 같다. 언론인들이 구성하는 현실의 특정 버전은 무엇이며, 보다 더 중요하게는 어떤 요인들이 그러한 구성을 결정짓는가의 문제 말이다.

뉴스에 관한 초기 연구는 뉴스 구성에서 개별 기자와 편집자의 역할을 강조했다. 예컨대 지금은 고전이 된 "게이트키핑" 연구는 신문사 편집자들이 통신사로부터 뉴스를 선택하는 방식을 조사함으로써 개별 편집인들의 가치와 태도가 뉴스 선택을 결정짓게 됨을 밝혀냈었다(해당 예는 1950년 White의 연구 참조).[3]

보다 최근에는 언론인의 행동을 공부한 사회학적으로 훈련된 연구자들이 저널리스트의 업무환경이 현실에 대한 저널리즘적 구성에 어떤 영향을 미치는가를 설명하고자 했다. 예를 들어 최근 게이트키퍼 연구 결과, 뉴스의 선별은 뉴스 편집인들 특유의 가치관과 행동에 영향을 받기보다는 (예컨대 기사의 순서와 강조와 같은) 통신사에서 제공하는 뉴스의 배열에 더 영향을 받는다는 것이다(McCombs & Shaw, 1976 ; Whitney, 1982).

다른 연구자들은 뉴스 구성에서 마감 시간, 지면 제한, 출입처 시스템, 언론사의 조직 정책, 저널리스트 공동체와 문화의 특성, 그리고 다수의 여러 환경적 요인들의 역할을 연구해 왔다(Breed, 1955 ; Herman & Chomsky, 1988 ; Crouse, 1973 ; Dunwoody, 1981 ; Epstein, 1973 ; Fishman, 1980 ; Tichenor, Donohue, & Olien, 1980 ; Tuchman, 1978).

실제로 뉴스 구성에서 오늘날 환경적 요인들이 결정적인 영향을 미치는 것으로 파악하는 연구들이 광범위하게 이뤄지고 있다(Shoemaker, 1987). 뉴스가 편향되어 있다면, 그것은 뉴스를 가공·처리하는 개인들보다는 저널리스트가 일하는 조직, 공동체, 문화와 더 깊이 관련되어 있다는 것이다(Nord, 1985). 다른 말로 하면, 뉴스가 편향돼 있다면, 그것은 주로 개별 기자와 편집인들이 통제할 수 없는 요인들에 의해서 편향된다는 것이다.

뉴스 생산에 영향을 미치는 환경적 요인들을 간과하는 것은 어리석은 일이다. 환경적 설명은 상당한 표면적 타당성을 갖고 있으며 경험 실증적으로 뒷받침되고 있다. 다른 연구자들이 지적하듯이(Hirsch, 1977), 이러한 연구 결과는 개별 저널리스트가 뉴스 편향에 대해 일차적인 책임이 있다는 일반적인 견해를 재고하게 만든다. 실제로 환경적 요인에 의한 뉴스 편향에 대한 설명은 수많은 저널리스트가 스스로 갖고 있다고 생각하는 자기결정관을 상당히 흥미롭게 만든다(Hethirington, 1995; Weaver & Wilhoit, 1986). 저널리즘에 대한 자서전적이며, 예를 들어 폴 뉴먼 주연의 영화 "Absence of Malice 악의의 부재"(1981)에서 저널리스트에 관해 묘사한 것처럼 영화 이야기들 속에 자주 반영되어 증폭되곤 한다.

그러나 환경적 제약조건에 대한 이러한 강조로 인해 우

리는 뉴스를 가공·처리하는 취재기자와 편집자의 마음속에 무슨 일이 벌어지고 있는가에 대해 거의 알지 못한다. 연구자들이 저널리스트가 어떻게 생각하고 있는지를 간과해 왔다고 말하는 것은 아니다(Wearden(1987) 참조). 그러나 뉴스 제작에 관한 문헌들에서 저널리스트의 생각을 주요 역점사항으로 간주한 연구는 여전히 드물다. 더 중요하게는 심리학자와 여타 인지과학자들이 인식처리에 관해 발전시켜 온 최근의 주목할 만한 연구로부터 얻은 유용한 정보를 활용한 연구가 거의 없다는 것이다.

뉴스 생산이 사회과학자들의 체계적 연구의 대상이 된 이래로, 인지과학자들은 사람들의 정보 조직, 보유, 재생, 통합 방식에 대해 많은 것을 밝혀냈다. 이러한 연구 중 일부는 저널리스트가 어떻게 뉴스를 구성하고 그것이 어떻게 뉴스를 "편파적으로 만드는가"를 제대로 이해하고자 하는 이들에게 잠재적으로 상당한 연관성을 시사해 준다.

인지과학자들의 지속적인 연구에 따르면, 사람의 마음은 외부 자극에 적극적으로 작동하고 유입되는 감각 입력sensory input을 받아들여 그것을 기억으로 처리한다. 사람들이 지각하고 기억하고 추론하는 것은 궁극적으로는 외부 세계의 복사판이 아니라 매우 다른 무엇이라는 것이다. 이에 따라 인지과학자들은 근래 뉴스를 연구하는 사회학자들과 "현실"은 적극적으로 구성되었다는 가정을 공유한다. 그리고 뉴스를 구성하는 사회적 요인이 아니라 인지적 요인에 역점을 둔다. 간단히 말해 인지과학자들은 인지적 현실 구성에 관심을 둔다.[4]

인지적 관점에서 보면, 마음이 현실을 구성하는 방식은 뇌의 전체 역량의 한 기능이다. 연구자들이 뇌의 역량에 대한 정확한 수치를 제시하지 못했지만 한 번에 주의를 기울일 수 있는 정보의 양은 상대적으로 적은 양(어떤 이는 정보의 7(+/-)2개의 정보를 말함)에 불과하다는 점은 비교적 널리 알려져 있다. 인간의 정보 처리 시스템 역량이 여러 면에서 제한적이기 때문에 자극을 분류하고 이해하려고 노력하는 사람은 종종 정신적 지름길을 택하고 익숙하고 선호되는 인지적 관행cognitive routine에 의존하게 된다. 대부분의 경우 이러한 지름길과 인지 관행이 채택되기 쉽다.[5] 그러나 사람들이 정보 처리를 할 때 경우에 따라서는 다수의 관점(이나 "현실")을 취하지 않으며, 또한 무엇이 "현실"을 구성하는가에 관해 널리 공유되는 합의점들과 상충하는 결론에 도달하기도 한다.

예컨대 연구에 따르면 객관적이어야 할 때조차도 사람

들은 자신이 애초에 갖고 있던 신념을 확증하는 방식으로 정보를 추구하고 선택하는 경향이 있다. 다른 연구는 사건에 대한 새로운 정보에 일치하는 방향으로 사건에 대한 기억을 왜곡시키는 경향성을 포함해 기억의 흔한 왜곡을 강조한 바 있다. 사람들이 추론하는 방식에 관한 연구에 따르면 사람들은 종종 작고 신뢰할 수 없는 표본으로부터 데이터를 선택하고 기존 표본에서의 편향을 간과한다. 뿐만 아니라 신뢰도는 낮지만 보기에는 더 연관성이 있어 보이는 사례사case history나 일화적 정보를 선호해 모집단에 대한 추상적인 통계 정보를 무시하기도 한다. 한편 또 다른 연구는 정보의 과부하 상태에서 사람들이 어떻게 틀에 박힌 사고를 하게 되는지를 입증해 보였다.

분명 인지석 편향과 오류는 보통 "편향"과 "오류"가 의미하는 것보다 훨씬 더 많은 의미를 포괄한다. 편향은 통상적으로 사실에 입각한 설명에 부적절하게 주관적 의견을 개입시키는 것이며, 오류는 사실에 입각한 설명에 부정확한 사실이 포함된 것으로 이해할 수 있다. 이와는 상반되게 인지적 편향과 오류는 다양한 사고방식들, 즉 다양한 관행적인 사고방식들로 구성되어 있는데, 이는 세상에 대한 인간의 지각과 해석을 제한한다.

사람들이 동기나 태도 면에서 편향되어야만 인지 편향과 오류의 피해자가 되는 것은 아니다. 다시 말해 사람들이 정보를 왜곡하려는 그 어떤 의식적인 의도를 가질 필요가 없을 뿐더러 그러한 편향과 오류를 공개적으로 드러내 보이기 위해서 진보/보수, 또는 친아랍/반아랍 등의 태도나 의견을 오랫동안 마음속에 품고 있을 필요도 없다. 비록 동기와 태도 모두 인지 처리 과정에 영향을 미쳐 간접적으로 그러한 문제를 만들어 내기도 하지만 말이다. 사실 사람들은 한쪽으로 치우치지 않으려는 조치를 적극적으로 취하지만 여전히 편향될 수 있는데, 이는 인지 체계에 내재한 제약들로 인해 이를 수행하는 사람이 정보 처리 과정에서 검약할 필요가 생기기 때문이다.

저널리스트와 이러한 연구의 상당 부분이 토대하고 있는 대학생 모집단 간에 분명 차이가 있지만, 저널리스트들도 시스템상 이러한 인지적 편향과 오류의 희생자가 된다고 가정하는 것이 타당하다. 예컨대 기자들 자신이 객관적이라고 여길 때조차도 자신이 애초 가진 신념을 확증시키는 방식으로 정보를 탐색하고 선별한다. 만일 이것이 사실이고 연구자가 뉴스 세팅 과정에서 이러한 경향이 어떻게 영향을 미치는지를 이해할 수 있게 된다면, 뉴스 연구자에게 흥미로울 뿐 아니라 뉴스 생산자에게도 잠재적인 가치가 있다는 것을 알게 될 것이다.

저널리스트는 우리의 가장 가시적인 정보 처리자들에 속한다. 그들이 방송에서 하는 말과 칼럼에 쓰는 내용이 사적·공적 의제를 설정할 수 있으며, 어떤 경우에는 저널리스트들이 행동의 변화를 이끌어 낼 수도 있다. 저널리스트의 개인적·사회적 중요성을 감안해 보면, 그들의 업무 처리 방식을 더 잘 이해하기 위해 인지적 제약조건들과 인지적 과정에 대한 통찰력과 더불어 우리의 모든 가능한 통찰력을 활용하는 것이 시급히 필요하다.

CHAPTER 02

저널리즘에서의 인지 과정 : 개관

뉴스 생산에 대한 관찰자의 기록은 개별 저널리스트가 수행하는 업무의 정확한 속성과 시퀀스에 따라 다양하다.[6] 그러나 인지과학자들의 연구대상인 일반 사람들과 마찬가지로, 저널리스트는 취재 작업을 할 때 다양한 인지적 업무를 규칙적으로 수행하는 것으로 보인다. 이러한 업무에는 뉴스 가치가 있다고 판단되는 사람들과 사건을 범주화하고[7] 이에 대한 이론이나 가설을 생성해 내며 이러한 이론이나 가설을 시험할 정보를 선별하고 그러한 정보를 논리정연한 뉴스 기사로 통합하는 것이 포함된다. 최근 몇 년 동안 인지심리학자들은 이러한 모든 뉴스 생산과 관련된 업무에 대해 깊이 있는 연구를 수행해 왔다(Hastie & Carlston, 1980 ; Hastie, Ostrom, Ebbesen, Wyer, Hamilton, & Carlston, 1980).

〈그림 1〉의 플로우 차트에 설명되어 있고 본 장에 요약되어 있는 그 대부분의 업무는[8] 연구자들이 밝혀냈거나

잠재적으로 밝혀낼 가능성이 있는 인지 과정의 일부만을 포함하고 있다.[9] 그러나 그것들은 연구 문헌에 잘 기록돼 있으며 폭넓은 지지를 받아왔고 표면적으로는 인지심리학 분야에서 가장 관련성이 높은 작업에 속한다.

〈그림 1〉 뉴스 생산에서의 인지 과정

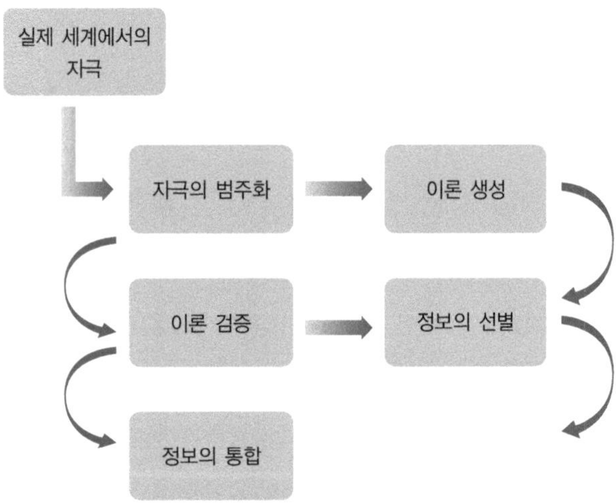

가. 범주화

기자들은 매일 일상의 업무 중에 다양한 자극과 마주하게 된다. 이러한 자극에는 새로운 과학적 발견이나 10번가의 살인사건, 중앙아메리카 국가에서의 군부 쿠데타 등의 사건들, 그리고 정치인이나 컨트리음악 가수, 사무직 범죄자들, 토네이도나 비행기 추락사고의 생존자와 같은 사람들을 포함한다.

그러한 자극은 현실 세계의 자극과 동일하거나 유사하게 저장된 정보와 결합함으로써 이해된다(Shank & Abelson, 1977 ; Leddo, Abelson, & Gross, 1984 ; Abelson & Lalljee, 1987). 다시 말하면 우리는 그것을 이전에 이미 본 적이 있어서 현재의 예시적 상황을 그와 같은 상황에 대한 저장된 기억과 결부시킬 수 있기 때문에 현실 세계의 자극을 인지하고 분류할 수 있다. 예컨대 지각자가 샴 고양이Siamese cats와 마주칠 때마다 샴 고양이에 대해 알 필요는 없다. 친구가 지금 갖고 있는 새 샴 고양이와 같은 나른 샴 고양이들에 대한 저장된 기억을 갖고 있기 때문에 친구의 새 샴 고양이를 이해할 수 있다. 이와 유사하게 살인, 화재, 대선 캠페인 등의 새로운 이벤트들을 인식하고 명명하는 우리의 능력은 기억에 저장된 그 사건들과 같은 이벤트들에 대한 인지적 표상cognitive representation으로 인해 가능해진다.

저널리스트는 항상 사건과 사람들을 범주화한다. 그들

은 집단 폭력의 갑작스런 분출을 폭동riot의 범주와 일치시켜서 소동disturbance을 폭동으로 "이해한다". 그들은 폭넓은 지지를 받는 가수를 록스타의 범주로 일치시켜 이해한다.

실제 사건을 저장된 범주(범주화)와 일치시키는 이러한 과정은 지각자에게는 거의 즉각적이고 자동적인 방식으로 일어나는 것 같다. 그리고 화재나 대선 캠페인과 같이 매우 친숙하고 모호하지 않은 자극에 대해서는 실제로 이러한 과정이 일어날 수 있다(Lalljee & Abelson, 1983 ; Abelson & Lalljee, 1987). 더욱이 범주와의 일치가 아무 일 아닌 듯이, 그리고 상당한 합의를 통해 이루어질 때, 우리는 사건들에 대한 우리의 범주화와 명명(labeling)이 "정확하거나" 또는 "객관적"이라고 생각하게 된다.

그러나 특정 사건이 모호하거나 그 사건을 다른 방식으로 범주화할 가능성이 있을 때 이러한 매칭 과정은 그 사건을 편향적으로 보도하는 결과를 낳을 수 있다. 이에 대한 논의는 이후에 더 상세히 다루겠지만, 최근 기사 표제의 한 예가 유용할 것 같다.

일부 기자들은 중앙아메리카 국가들에 대한 미국의 군사적 개입을 "또 하나의 베트남another Vietnam"으로 범주화하고 명명했다. 그러한 범주화 과정은 다른 기자들로 하여금 동일 사건을 우리의 미국 혁명과 같은 자유를 향한 저항으로 범주화하도록 이끌 수 있다. 이렇게 동일한 사건을 다른 방식으로 범주화하게 됨에 따라 모든 후속 정보 수집이나 후속 사건에 대한 평가 등도 매우 다른 방향으로 진행된다. 따라서 범주화는 뉴스 기사의 진행 과정과 밀접하게 연관되어 있다.

나. 이론 생성

하나의 사건을 범주화한 후 그 사건에 대한 이론을 생성하는 데 하나의 가이드로서 그 범주 내의 정보를 이용해 그 사건이 온전히 이해되거나 기술될 수 있도록 한다. 더욱이 범주는 지각자가 이렇게 이해하거나 기술하는 데 도움이 되도록 사건에 관해 질문을 던져 준다. 그리하여 중앙아메리카 국가들을 "또 하나의 베트남"으로 생각하는 것은 "[그 국가에서의] 늘어난 군사 개입은 위험한 생각이며 상황을 더 악화시킬 수 있다"는 이론으로 이끈다.

다. 이론 검증

하나의 이론이 결정되면 그 이론을 검증하게 된다. 다른 것 중에서도, 이론의 정확성을 검증하기 위한 질문을 발전시킨다. 예를 들면, 어떤 종류의 군사적 개입이 제안되고 있는가? 미국이 군사 장비, 고문들, 군대를 보낼 의향이 있는가? 그들이 누구에게, 어떤 목적으로 보내어지는가? 이렇게 하여 또 하나의 베트남으로서 개입의 범주화는 더 정교화된 이론의 발전을 촉진하며, 이는 이러한 특수한 가능성을 탐색하기 위해 설계된 일련의 질문들을 만들어낸다. 또 다른 이론이 다른 질문들을 촉진할 수 있다. 우리 모두 알다시피, 질문의 범위와 유형, 그리고 심지어 질문하는 과정 그 자체가 이러한 사건에 관한 기술記述과 보도 행위에 영향을 줄 수 있다.

라. 정보의 선택

범주화는 이론 생성과 뉴스 생산의 편향성에 대해 의문을 제기함으로써 이론들을 적극적으로 시험하는 과정을 포함할 뿐 아니라 유입되는 정보의 선별을 촉진하는 후속 과정을 포함한다. 예를 들어 사람들이 자신의 이론과 일치하는 정보를 추구하고자 하는 것과 마찬가지로 유입되는 정보 중에서 자신의 이론에 부합하는 정보를 선택한다.[10] 더 정확하게 말하면, 사람들이 자신의 이론에 부합하는 유입 정보와 부합하지 않는 유입 정보 사이에서 선택할 때, 사람들은 자신의 이론을 보완하는 정보를 보다 유효한 것으로 여기는 경향을 보인다. 게다가 어떤 방식으로든 자신들에게 눈에 띄게 유리한, 즉 현저한 사건들과 사람들의 면면에 집중하는 경향이 있다. 사람들은 또한 더 추상적인 통계 정보가 더 유효하고 신뢰할 수 있다고 하더라도 그것보다 삽화적인 정보를 더 선호해 선택하기도 한다.

마. 정보의 통합

저널리스트는 정보를 선별할 뿐만 아니라 정보를 통합해야 한다. 다른 어떤 것보다도 저널리스트는 선택한 정보를 해석하고 그 정보 간 인과적 연계성을 통합해야 한다. 사건이나 다른 사람들의 행동의 원인을 결정하고 그 사건들을 상호 연계시켜 그 사건들이 통일성 있는 뉴스 기사로 구축되는 과정에서 사건과 사람들은 수많은 인지적 편향의 희생물이 될 수 있다. 이러한 인지적 편향성에는 실제로는 존재하지 않을지도 모르는 관계들을 인식하는 경향성, 그리고 다른 사람들의 행동을 설명할 때 상황들에 비해 한 사람의 개인적 특성을 더 중요한 것으로 과대평가하는 경향성이 포함된다.

저널리스트는 원인들을 밝혀내고 인과적 시퀀스를 구성할 뿐만 아니라 기억이나 메모 노트로부터 정보를 기억하고 재구성해야만 한다. 흥미롭게도 회상과 재구성은 실제 일어난 사건과 저장된 회상 사건stored memorial event으로부터의 정보추출을 포함한다. 따라서 저널리스트는 종종 해당 사건으로부터 추출되고 선별된 정보에서 만족하지 않고, 기억 속에 저장된 어떤 사건들로부터 놓치고 미처 찾지 못한 정보의 조각들을 채워 넣는다. 이러한 추론의 과정은 종종 의도치 않게 이뤄지며 또한 뉴스 사건을 담고 있는 새로운 범주를 구축하는 과정에서 왜곡을 초래할 수 있는 특징을 갖는다.

결국 저널리스트는 뉴스 생산 과정의 어느 시점에 해당 사건이 완전하게 기술되거나 뉴스 기사가 충분하게 서술된 것으로 간주할 것인지를 결정해야 한다. 여기서 결정이란 정보 수집이 종료되는 때를 결정하는 것을 말한다. 이러한 결정이 어떻게 이뤄지는가를 입증하는 연구가 비록 다른 하위 과정들을 입증하는 연구보다 적지만, 최근 몇몇 연구들은 시간 압박으로 인해 정보 수집과 평가 절차를 종료하게 되며, 앞서 언급한 정보 편향성이 심대하게 증가한다는 점을 시사해 준다.

이러한 과정들을 기술하는 데 있어 자명한 것은 이러한 과정들은 밀접하게 상호 연관되어 있고 상호작용적이라는 점이다. 앞서 살펴본 플로우 차트에서 정보의 범주화에서 통합으로의 일방향 화살은 시스템의 실제 속성을 지나치게 단순화하지만 명료해 보이게 하는 이점이 있다. 앞으로 설명하게 될 많은 실증적 연구들이 강조하듯이 실제 이러한 과정들은 상호작용을 한다.

CHAPTER 03

범주화

앞서 언급했듯이, 범주화는 인간이 세상을 이해하기 위한 기초이다. 그것은 사람들이 세상에 대해 갖는 선험적 지식으로서, 유입되는 정보를 이해하고 조직할 수 있도록 한다. 앞서 든 예에서처럼, 샴 고양이에 대한 우리의 이해는 우리가 지각하고 있는 인상(지각 표상 ; the percept)을 기억 속에 저장된 표상(인지 구조 ; a cognitive structure)과 일치시킴으로써 가능해진다.

그러나 지각에 대한 인지 구조의 영향은 단순한 이해를 초월한다. 보통 사람들은 지각을 환경으로부터 정보를 수집해 글자 그대로의 복사본을 만드는 것으로 간주하는 반면, 인지 과정에 관한 연구는 이와는 매우 다른 관점을 제공해 준다. 지각되는 것은 복사본이 아니라 오히려 현실 세계의 사건을 고도로 구성한 버전이라고 할 수 있다. 즉, 사건들을 저장된 범주와 일치시켜 이러한 걸러지고 때로는 왜곡된 새로운 건조물을 만들어 낸다. (부록을 참조하라)

범주화의 근본 속성을 고려하면, 범주화는 사건의 명명, 이론들의 일반화, 정보의 평가라는 다른 모든 과정이 진행되는 출발점이다. 따라서 2장 〈그림 1〉의 플로우 차트에서 제시된 모든 과정들은 유입되는 자극들과 기억 속 특정한 인지 표상들과의 상호작용과 직접적으로 연관되어 있다. 따라서 범주화 과정은 저널리스트의 기사 작성 과정에 직접적인 영향을 미치게 된다. 범주화가 사건의 지각에 미치는 두 가지 직접적이고 아마도 가장 즉각적인 결과는 명명하기labeling와 추론inference으로, 그 각각은 판단judgments에 영향을 미친다.

가. 명명Labeling

어떤 사람이나 사건이 범주화되면, 그 사람이나 사건과 관련된 것은 그 범주에 부합하는 것으로 명명된다. 흑인에 대해 고정관념을 갖는 저널리스트가 기사에서 어떤 사람을 "전형적인 흑인"으로 범주화하는 경우, 그는 그 흑인의 이어지는 행동들을 스테레오타입화된 방식으로 명명하거나 동일시할 수 있다.

던컨Duncan(1976)의 대표적인 연구에서 지각자들은 두 사람의 상호작용을 담은 영상에서 무엇을 보았는지 보고하도록 요청받았다. 영상에서 두 사람은 언쟁 중인 것으로 보였다. 한 영상은 두 명의 백인 남성들 간의 상호작용을 보여주었고, 또 다른 영상에서는 각각 한 명의 백인 남성과 흑인 남성 간에 첫 번째 영상과 똑같은 상호작용을 보여주었다.

지각자는 두 명의 백인 사이의 물리적 상호작용을 서로 "우연히 부딪히거나" 우연히 서로 상대에게 몸이 기울어진 것으로 묘사하였다. 정확하게 똑같은 행동을 흑인이 한 경우 "밀친 것"으로 묘사하였다. 따라서 공격적 행동이 흑인에 관한 고정관념으로 자리 잡은 범주 속성을 통해 두 흑인 간 행동을 바라보는 지각자는 지각 대상에 대한 해당 범주의 영향력을 드러내는 방식으로 그 행동을 인식한다. 이와 흡사하게 흑인과 백인 간 상호작용과 연관된 뉴스 사건이 편향적일 수 있다.

그러나 사람과 사건의 인식이나 명명에 대한 범주화의 역할은 사회적 고정관념과 연관된 사례들로 한정되지 않을 수 있다. 어떤 모호한 사건에 관한 보도는 범주화가 확인과 명명에 어떤 영향을 미치는지 잘 보여준다(Higgins, Rholes, & Jones, 1977). 앞서 언급했던 중앙아메리카에 대한 미국의 군사 개입의 사례로 돌아가 보자. 해당 사건을 "또 다른 베트남"으로 범주화한 사람은 미국 내각 인사들과 위협을 당한 중남미 국가의 지도자 간 회담을 "미국의 군사 증강을 향한 첫 조치"라고 명명할 것이다. 이와 흡사하게 대통령을 "레임덕"의 범주로 분류한 기자는 이후에 대통령이 취하는 행동에 대해서는 "대통령 임기 말기 쇠락의 징후"로 인식할 것이다(DeFrank, 1987).

무엇보다 사건들 자체로는 그 어떤 의미도 갖지 못한다는 것을 이해할 필요가 있다. 사건들은 그것을 바라보는 개인에 의해 의미가 부여된다. 이러한 과정에서 지각자의 적극적인 역할로 인해 서로 다른 지각자들이 똑같은 사건을 매우 다른 방식으로 분류·명명하거나 구성하는 것이 가능해진다.

사람들이 동일 사건을 늘 다른 방식으로 구성한다고 말하는 것이 아니다. 물론 어떤 사건들을 구성하는 데 보편적인 (또는 거의 보편적인) 합의가 존재할 수 있다(예를 들자면 "이것은 화재 사건이다").

일군의 사람들이 똑같은 "현실"을 공유할 수 있다는 것도 맞는 말이다. 저널리스트의 가치에 대한 갠즈(Gans, 1980)의 논의에서, 그리고 이데올로기와 뉴스에 대한 비판

커뮤니케이션 학자들의 논의(예를 들어 기틀린(Gitlin, 1980)의 논의)에서 지적된 바와 같이, 실제로 일군의 저널리스트들은 같은 세계관을 공유한다. 또한 기자와 편집자가 특정 집단의 사람들에 대한 고정관념을 공유할 때와 마찬가지로 저널리스트도 사람과 사건에 대한 보다 특정한 인식을 공유하기도 한다.

저널리스트와 그들의 취재원은 유사한 방식으로 사람과 사건을 구성할 수도 있다.[11] 실제로 사건 구성에서의 유사성은 저널리즘에서 흔한 것처럼 보이는데, 저널리스트는 종종 관료주의(Fishman, 1980 ; Tuchman, 1978), 그리고 여타의 저널리스트와 뉴미디어로부터(Dunwoody, 1981 ; Crouse, 1973) 힌트를 얻곤 한다.

예컨대 도노휴Donohue, 티치너Tichenor, 그리고 올리엔Olien(1989)의 지적에 따르면, 미네소타의 송전선 논쟁을 취재하는 저널리스트들은 "시스템 내 적법성의 대리인"처럼 행동한다는 것이다. 즉, 빈번하게 권력을 가진 사람들의 구성물constructions을 그대로 투영하는 방식으로 사건을 구성한다는 것이다. 더 정확하게 말하면, 저널리스트들은 환경 보호 시위집단에 대한 전국적 지지가 상당히 높았을 때는 환경 보호 활동을 "시위protest"로 명명했다. 그러나 도노휴와 동료 연구자들이 지적한 것과 마찬가지로, 송전선이 설치되고 시위자들이 전투력을 잃어가는 것이 확실해지자 저널리스트들은 해당 시위를 "주요 불법화를 지칭하는 말"인 "공공기물파손행위vandalism"로 명명했다. 오늘날 인지적 관점에서 보면, 이러한 보도 행태의 상당 부분은 저널리스트들이 다른 저널리스트들의 범주화에 의존하고 이러한 범주화에 따라 사람들과 사건들을 분류·명명하기 때문에 나타나는 것으로 이해할 수 있다. 이러한 것들은 저널리스트들이 함께 일하고, 똑같은 뉴스 취재원을 이용하며, 집단으로 똑같은 기사를 좇는 "패거리" 저널리즘이라고 할 수 있다(Crouse, 1973).

나. 추론Inference

범주화의 두 번째 직접적인 결과는 당장 일어나지 않거나 심지어 현존하지 않는 사건의 측면들을 채우는 역할을 하는 추론 과정이다. 추론 과정에서 우리는 주어진 데이터 그 이상을 채우게 되는데, 즉 저장된 범주 재현으로부터 얻어진 정보로 골격 뼈대 그림에 살을 붙이게 된다(Bransford & Franks, 1971 ; Cantor & Mischel, 1977). 그리하여 관찰자에 의해 묘사된 특정 사건은 부분적으로는 현 사건의 측면들을 포함하고 또 일부는 해당 사건과 일치하지만 실제로는 결코 나타난 적이 없는 스키마로부터 나온 정보를 포함할 수 있다.

여러 학자들(Bower, Black & Turner, 1979 ; Bransford & Franks, 1971 ; Graesser, Woll, Kowalski, & Smith, 1980 ; Smith & Graesser, 1981)이 채택한 다음의 예를 살펴보자. 사람들에게 음식점에 들어간 한 여성을 관찰할 것을 요청한다. 그 여성은 여주인 옆에 앉아 있다. 그녀는 음식을 주문하고 값을 치르고 식당을 떠난다. 음식점에서 흔히 일어나는 사건들의 이와 같은 시퀀스는 흔히 대다수 사람들이 쉽게 묘사할 수 있는 것으로 사건들에 대한 지식을 포함하는 범주이자 대본을 구성하는 것으로 흔히 알려져 있으며, 또한 그렇게 여겨진다. 흥미롭게도 만일 사람들에게 그들이 본 것을 보고하도록 요청한다면, 그들의 보고서는 실제 경험적으로 주어진 것이 아닌 그들의 저장된 인지 대본stored cognitive script으로부터 도출된 사건들을 포함할 것이다. 실제로는 전혀 관찰되지 않았음에도 사람들은 웨이터가 그 여성에게 음식을 가져다 주었다고 보고할 것이다.

1968년 뉴욕포스트New York Post의 린지 밴 겔더 Lindsy

Van Gelder 기자는 애틀란틱 시티의 미스 아메리카 미인대회에서 초기 페미니스트 시위를 취재했다. 그때 베트남 반전 시위대가 전쟁에 반대하는 의사를 표명하기 위해 징집영장을 불태우고 있었다. 여성 운동 역사학자들의 주장에 따르면 애틀랜틱 시티에서 결코 브라, 거들, 컬핀curlers이 불태워진 적은 없고, 실제로는 쓰레기통에 던져졌다(Tuchman, 1978, 138쪽 참조). 이런 사실에도 불구하고 밴 겔더 기자는 거들, 브라, 컬핀이 불태워졌다고 보도하는 가볍고도 재치 있는 기사를 썼다. 분명한 것은 무슨 일이 일어났는지를 해석하는 데는 여러 방법이 있으며[12] 우리는 결코 무슨 일이 일어났는지 확실히 알지 못할 수도 있다는 것이다. 그러나 인지적 관점에서 보면 그 당시 베트남전을 반대하는 다른 시위참가자들이 징집영장을 불태우고 있었다는 것을 알고 있었다고 말한 밴 겔더 기자가 페미니스트 시위참가자들과 그들의 행동을 베트남전 반대 시위참가자들과 그들의 "시위 대본demonstration script"과 연관 지었다는 것은 상당히 가능성 있는 일이다. 신문에 본인의 기사를 내고 싶었던 밴 겔더 기자와 그녀의 취재원이 징집영장을 불태우는 장면을 머릿속에 떠올리면서 실제로는 존재하지 않는 브라를 불태우는 장면을 "추론했을" 수도 있다.

다. 평가Judgment

사람들은 사건에 대한 자신들의 감각 인상을 구체화하기 위해 저장된 범주로부터 정보를 활용할 뿐 아니라 사후 평가를 내리기 위해 사건에 대한 이러한 상세한 버전을 이용하기도 한다. 실제로 연구자들은 사람들이 때로는 사후 평가를 할 때 원래의 지각 표상original percept보다는 사건의 정교한 설명에 더 의존한다는 것을 밝혀냈다(Wyer & Gordon, 1982).

이는 길로비치(Gilovich, 1981)의 연구에서 잘 입증되었다. 여기서 피실험자는 가상의 국제 위기를 해결하는 방안을 제안해달라는 요청을 받았다. 민주국가가 전체주의 이웃 나라로부터 위협을 받는 위기 상황이 베트남전이나 제2차 세계대전 이전 유럽에서의 미국의 간섭과의 역사적 유사성을 시사하는 최소한의 정보와 함께 제시되었다.

이 연구의 두 가지 성과는 중요하다. 첫째, 피실험자는 위기 상황에 관한 기술記述에 설명을 덧붙이기 위해 역사적 유사성을 이용했으며, 둘째, 피실험자는 그러한 범주화와 정교화에 일치하는 일련의 적절한 행동에 관한 평가를 했다. 해당 위기 상황을 제2차 세계대전 이전의 유럽과 같은 상황으로 구성한 피실험자들은 동일 사건을 “또 다른 베트남”으로 구성한 사람들보다 더 강하게 간섭주의 전략을 권고했다.

앞서 든 예시로 다시 돌아가 보자. 만일 기자가 미국의 중앙아메리카 국가의 내정 간섭을 “또 다른 베트남”으로 구성한다면, 뉴스 보도에서는 암시적으로 또는 사설에서는 명시적으로 제시되는 일련의 조치에 대한 제언과 평가를 예상할 수 있으며, 이는 이러한 범주 기반 구성의 영향력을 나타내주는 것이라 할 수 있다.

CHAPTER 04

이론 생성(Theory Generation)

저널리스트는 사람과 사건을 범주화할 뿐 아니라 그들에 대한 더 복잡한 이론들을 개발하고 이러한 이론들을 시험하기 위해 정보를 수집한다. 실제로 뉴스를 관찰해 온 수많은 연구자들(예컨대 Mencher, 1987, Franklin, 1987 참조)의 관점에서 보면, 저널리스트는 규칙적으로 가설들을 좇는다.

때로 이러한 지향은 매우 의식적인 현상이다. 예를 들어 탐사 기자 데이비드 위어David Weir와 댄 노이즈Dan Noyes는 자신들의 저서 『소란을 피우며 항의하기 : 탐사보도센터의 기사 취재 방식Raising Hell : How the Center for the Investigative Reporting Gets the Story』에서 자신들이 "탐사 가설investigative hypothesis"이라고 부른 것을 탐사 기법 목록에 포함시켰다. 그들에 따르면 탐사 가설은 "신예 탐사에 틀과 방향을 제공한다. 이론은 사실과 경험에 토대를 두어야 하며 그 이야기를 현재 알려진 것 그 이상의 있을법한 이야기로 만들어 놓아야 한다"(Weir & Noyes, 1983, 315쪽).

아주 빈번히 기자는 단순하게 "생각"만을 좇는다. 월스트리트 저널Wall Street Journal의 빌 블런델Bill Blundell 기사 작성 코치는 기자에게 "기사에서 독자들의 높은 관심을 끌 만한 것과 그렇지 않은 잠재적인 행동 요소들을 사전에 찾도록" 독려한다(Blundell, 1986, 23쪽 ; 1988, 24쪽). 예를 들어 전국적으로 의사가 부족할 경우, 기사의 범위를 좁히기 위해 블런델은 기자에게 의사 부족의 결과에 대해 예상해 보도록 촉구한다. 의사 부족으로 인해 발생하는 한 가지 결과는 열악한 의료보호일 것이며 이는 결국 성난 환자, 법적 소송, 높은 의료과실 비용을 초래할 수 있다. 또 다른 부정적 효과는 과도한 업무와 스트레스를 받는 의사일 것이며 이는 결과적으로 더 많은 마약 복용과 음주, 자살 증가, 가족 문제의 증가, 진료를 그만두거나 줄이는 의사들의 증가로 이어질 것이다. 이러한 잠재적인 부정적 "효과들" 중에서 한 가지 효과만으로도 기사 한 편을 쓸 수 있다.

비록 블런델이 저널리스트들이 이러한 방식으로 기사를 작성하도록 도울 때 이론이나 가설이란 말을 쓴 적은 없다. 다만 블런델은 기자들이 가설과 이론을 만들어보고 이후에 그것들을 시험해 보도록 권장한다.

따라서 이러한 문제에 대한 체계적인 데이터가 거의 없지만, 저널리스트는 "중요한 의미에서 가설 검증자이며 그들의 뉴스 취재 과정은 그들의 예견에 대한 실증적인 검토 과정으로 이루어져 있다."(Sigelman, 1973, 144~145쪽) 그리하여 저널리스트는 대통령의 권력이 쇠락하고 있다고 가정하고 이러한 가설을 조사하기 위한 질문들을 만들어 낼 것이다. 이처럼 기자는 정신병 환자를 위한 외래 진료 프로그램이 노숙자 문제 해결에 기여할 것이라는 가설을 세우고, 이러한 가설을 조사하기 위한 질문들을 만들 것이다.

가. 이론의 내용Content of Theories

저널리스트의 이론(또는 가설)은 수많은 것들에 관한 것처럼 보인다. 기자는 정치 후보자의 특성에 관해 추측할 수 있다. 화학물질 유출의 원인, 살인자가 광포해진 이유, 왜 유명 감독이 다른 감독 자리로 옮기는지, 또는 높은 유아사망률의 원인에 대한 가설을 세울 수 있다. 독극물 주입 사건[13]이 사람들과 판매량에 미치는 영향, 전국적인 흡연반대 캠페인의 결과, 조각가가 예술계에 미치는 영향, 새로운 베이비 붐 세대 자녀가 패션산업에 미치는 영향에 대해서도 추측할 것이다. 그들은 또한 유명인 자선 이벤트의 감소나 국내 혈액 부족에 관해서도 가설을 세울 수 있다.

요약하면, 기자는 개인의 특성에 대하여, 또는 사건과 행동, 현상의 원인과 결과나 현상에서의 변화에 관하여, 심지어 현상의 존재에 관한 이론을 제시할 수 있다. 블런델 기사 작성 코치는 이런 사실에 관해 이미 많이 알고 있는 듯하다. 그는 기자들을 위한 사내 설명서에서 기자가 사건의 개요를 쓰고 그 흐름과 전개 과정을 취재할 때 늘 무엇에 관심을 두어야 하는지에 관해 설명하고 있다. 사건의 전개 양상과 관련되었을 때, 여기에는 현상의 범위, 원인과 결과, 현상을 멈추기 위해 취해진 조치들이 포함된다. 사건의 개요는 어떤 특정인이 갖는 가치와 그것이 다른 사람에게 미치는 효과를 포함하는데, 반드시 이것에 국한되는 것은 아니다(Blundell, 1986 ; 1988). 기자는 이러한 이론 제시뿐만 아니라 사람이나 사건에 대한 단순한 기대도 품고 있는 것으로 보일 것이다. 예컨대 기자는 노숙 피해자들이 사회적 맥락 속에서 방치되고 예측 불가능하다고 예상할 수 있다. 기자는 시의회 앞에서 어떤 연사가 아무런 가치가 없는 것에 대해 말할 것으로 예측할 수도 있다. 또는 미국이 베트남에서 그랬던 것처럼 계속해서 중앙아메리카 국가에 대한 간섭을 확대할 것으로 추측할 수 있다.

나. 복합성과 안정성에서의 변이도Variations in Complexity and Stability

저널리스트의 이론들은 수많은 것들에 관한 것이며 복합성의 측면에서도 다 다르다. 저널리스트의 이론은 단순할 수 있으며 또한 복잡하고 정교할 수도 있다. 저널리스트가 무엇에 관해 보도하느냐, 그리고 그것에 대한 저널리스트의 저장된 표상에 따라 이론들이 단순할 수도 있고 복잡할 수도 있다.

기자가 한 건의 기사를 생산할 때 "주제"나 "초점"이라 칭하는 하나의 핵심 이론과 여러 개의 하위 이론들을 가정할 수 있다. 예를 들어 기자는 범죄가 도시 전체로 확산될 가능성을 예상할 때 수많은 관련 가능성들, 즉 폭력 범죄가 비폭력 범죄보다 더 빠르게 증가하고 있으며 범죄예방 프로그램들이 재원 부족으로 제대로 된 효과를 내지 못하거나 실업률 증가가 문제를 악화시키고 있다고 가정할 수 있다.

이론 생성은 사건이 범주화되는 방식과 아주 밀접하게 연관돼 있다. 때로는 이론이 아주 자연스럽게 생성돼서 마치 범주화와 이론 생성이 하나의 동일한 것처럼 보일 수 있다. 예를 들어 대통령의 인기가 쇠락하고 있다는 가설은 대통령을 "레임덕"으로 범주화하는 것과 밀접하게 연관돼 있다. 그리고 정신병을 앓고 있는 사람들을 위한 외래 환자 진료 프로그램이 노숙자 문제 해결에 도움이 된다는 이론을 추구하는 것은 노숙자를 "정신병을 앓는" 사람으로 범주화하는 것과 밀접하게 연관돼 있다.

이론은 안정적이고 지속적인 범주화 과정이나 보다 순간적이고 일시적인 범주화 과정으로부터 생성될 수 있다. 예를 들어 인간적 흥미를 끄는 기사를 주로 취재하는 기자는 계속해서 관계와 관련된 용어들(남편, 아내, 연인, 시댁이나 처가 사람들)로 사람들을 범주화하여 기사의 대상을 개인적이거나 친밀한 요소들의 측면에서 이론화한다. 반면 세계 상황을 주로 취재하는 기자는 정치 이데올로기와 역사적 갈등의 측면에서 사건들을 범주화하고 사건이 전 세계에 미치게 될 보다 폭넓은 함의를 아우르는 이론을 생성할 것이다.

그리하여 주로 "사람" 이야기를 쓰는 기자는 기아와 빈

곤에 관해 사회경제적 원인의 관점에서보다는 개인의 관점(기아와 빈곤은 영혼을 마비시킨다)에서 가설을 세울 것이다. 반면, 일관되게 사회경제적 관점에서 기사를 작성하는 기자는 속성상 보다 "거시적"이거나 "구조적인" 이론들, 예컨대 현재 기아 위기의 근본적 원인은 우리의 사회적, 정치적, 경제적 시스템에 있다는 이론을 생성할 것이다.

주지하다시피, 일부 이론들은 더 일시적인 속성을 갖는다. 그런 경우 최근의 사건 또는 기자가 방금 읽거나 사용한 어떤 것에 의해 이론이 생겼다 사라질 수 있다. 일시적으로 현저한 이론(또는 범주)이 즉각적으로 나타나는 과정을 사회인지 연구에서는 "프라이밍priming"이라 부른다(Higgins, Rholes, & Jones, 1977 ; Higgins, King, & Mavin, 1982).

프라이밍의 예로 의사의 연수 과정에 관한 책 읽기를 막 끝낸 기자가 있다고 하자. 무엇보다도 해당 저서는 주요 의과대학 부속병원들에서 새 인턴이 회진을 돌기 시작하는 7월과 8월에 발생한 의료과실의 횟수에 대해 논하고 있다. 그러한 실수에 관해 관심을 두는 기자라면 자신이 거주하고 있는 도시의 의과대학 부속병원에서 7월에 사망 발생 건수가 눈에 띄게 증가한 것은 새로 바뀐 인턴들의 회진 때문일 수 있다는 가설을 세운다.

또는 핵무기 제조공장에서 발생한 사고를 다룬 텔레비전 영화를 최근 시청한 기자를 예로 들어보자. 핵발전소의 사고 가능성에 대해 집중하는 기자는 근처 무기공장에서 그와 같은 사고가 발생할 가능성에 대한 가설을 세운다. 이와 마찬가지로 동물실험반대집단anti-vivisectionist groups으로부터 연구 실험실에서의 동물에 대한 비인간적인 취급에 관한 홍보물을 받아온 기자는 자신의 거주지역 대학에서 동물들이 대학 규제와 연방법에 따라 마땅히 받아야 할 보호를 받지 못하고 있다는 이론을 세운다.

다. 전문기자와 신참 기자 간 차이

이론은 자동 활성화의 과정을 통해서 자연스럽게 생성되거나 특정 사건에 대한 고려나 심사숙고를 거친 후에 생성될 수 있다. 우주선 발사 취재에 배치된 두 명의 기자를 생각해 보자. 비극적이게도 우주선이 폭발되었을 때 한 기자는 자연스럽게 그 폭발은 엉터리 기술 결함의 결과라고 추측한다. 더 심층적인 숙고를 거친 기자는 부적절한 관료주의적 안전조치가 그러한 참사를 유발했을 것으로 추정한다. 어떤 이론에 반대되는 하나의 이론을 따르는 결정은 지각자의 인지 통제하에 놓여있지 않는 방식, 즉 즉각적이고 "자동적으로" 이루어지거나(Fazio, 1986 ; Shiffrin & Schneider, 1977 ; Schneider & Schiffrin, 1977), 또는 신중하게 결정될 수 있다.

어떤 사건을 잘 알고 있음을 의미하는 친숙함은 사건에 대한 이론이 자동으로 활성화되는 경향성을 증가시킨다(Fazio, Powell, & Herr, 1983 ; Fiske & Pavelchak, 1986). 그래서 전문가들은 최근의 사건들을 새롭게 또는 다른 방식으로 바라보지 못하도록 막는 잘 정립된 이론들에 초심자들보다 더 즉흥적으로 의존하고 계속해서 그 이론들을 활용하곤 한다(Fiske & Kinder, 1981 ; Chi & Glaser, 1979 ; Larkin, McDermott, Simon, & Simon, 1980).

전문 저널리스트specialty journalists를 "전문가", 그리고 일반적인 임무를 수행하는 기자를 "초심자novices"라고 한다면, 전문기자들은 일반 기자들보다 좀 더 새로운 시각에서 사람들과 사건을 바라보지 못한다고 예상할 수 있다. 이와 마찬가지로 베테랑 기자는 초보 기자들보다도 더 견고하게 확립된 이론들을 활용한다. 베테랑 기자는 좀 더 참신한 해석이 더 큰 통찰력을 제공할지라도 사람과 사건에 대한 "뻔

한” 해석을 할 것으로 예상할 수 있다.

뉴스 생산을 오랫동안 관찰해 온 연구자에게 이러한 추측은 전혀 새롭지 않다. 예를 들어 특정 분야 담당 기자는 종종 일반 주제 기자에게 특종 자리를 내어 주고 있는데, 이에 대해 연구자들은 여러 다양한 원인을 제시한다. 실례로 워싱턴 포스트Washington Post 경찰 출입 기자인 밥 우드워드Bob Woodward와 칼 번스타인Carl Bernstein이 워터게이트 특종기사를 터트릴 수 있었던 이유는 백악관 출입 기자들과 똑같은 방식으로 사건을 보지 않았기 때문이었다. 아마도 두 기자는 무슨 일이 벌어지고 있었는가에 대해 다른 이론들을 따랐기 때문에 사건을 같은 방식으로 “바라보지” 않았을 것이다.

전문기자의 이론은 또 다른 방식으로 신참 기자의 이론과 다를 수 있다. 당연한 얘기지만, 연구자들은 친숙함이나 전문 지식이 종종 더 풍부하고 복잡한 이론들과 연관돼 있음을 밝혀냈다(Linville & Jones, 1980 ; Fiske & Kinder, 1981). 물론 이는 친숙함의 부족이나 신출내기 신분이 군더더기 없고 더 단순한 이론들과 연관되어 있음을 의미한다. 이러한 연구 결과를 고려하면 전문 지식이 부족한 저널리스트는 취재 대상을 잘 알고 있는 저널리스트에 비해 관련성이 적은 이론들을 다룰 것으로 예측할 것이다. 따라서 신출내기 기자는 새로운 조세법의 잠재적 효과를 고려하는 전문기자보다 역량이 낮을 것이다. 그리고 일반 분야를 취재하는 기자도 새로운 은행 규제의 다양한 원인에 대해 다루는 경제 전문기자보다 역량이 더 낮을 것이다.

만일 그러한 추정이 확실하다면 다른 추정들은 덜 명확할 수 있다. 예컨대 여러 연구 결과에 따르면 전문가는 초심자보다 모순된 정보에 주목하고 기억하고 이용하는 경향이 훨씬 더 높다(Fiske, Kinder, & Larter, 1983). 이러한 연구 결과가 시사하는 바는 신참 저널리스트는 경험이 풍부한 저널리스트에 비해 그들의 이론화 과정에서 모순되는 정보에 덜 주목하고 덜 기억하며 덜 이용하기 쉽다는 것이다. 만일 그렇다면 특정한 건강 위험을 좀처럼 다루지 않는 기자는 그러한 위험을 정기적으로 취재하는 기자에 비해 특정 위험이 건강에 해로울 것이라는 지배적인 견해와 반대되는 정보에 주목하고 기억하며 이를 이용할 가능성이 더 적을 것이라고 예상할 수 있다. 이와는 반대로, 고참 기자는 일부 사람들에게는 부정적인 효과가 있을 수 있으며 또 다른 사람들에게는 그렇지 않을 수 있다고 판단할 가능성이 신참 기자보다는 더 높다고 예상할 수 있다. 이는 위험이 유해하다는 지배적인 견해를 부정하는 것이 아니라 단순히 어떤 사람에게는 해로울 수 있고 또 어떤 사람들에게는 유해하지 않을 수 있다고 말하는 것이다.

이와 유사한 맥락에서 이론적 복잡성은 판단을 누그러뜨린다는 증거가 있다(Fiske & Taylor, 1984). 이것이 시사하는 바는 취재 대상에 친숙하고 그들의 이론에 여러 모순적인 정보를 통합해 본 경험이 있는 저널리스트는 취재 대상을 거의 알지 못하는 저널리스트에 비해 훨씬 덜 극단적인 판단을 할 것이라는 점이다. 이와는 반대로 주제와 친숙하지 않고 자신들의 이론에서 모순적인 정보가 거의 없는 저널리스트는 훨씬 더 극단적인 판단에 기반한 이론을 내놓을 것이다. 따라서 고형 폐기물 문제를 거의 다뤄보지 않은 기자는 그러한 문제를 정기적으로 취재해 온 결과 고형 폐기물 소각의 잠재적 결과에 대해 더 복합적으로 이해하고 있는 기자보다 고형 폐기물 소각이 초래하는 결과를 더 극단적으로 가정할 것이라고 예상할 수 있다.

CHAPTER 05

이론 검증

이론이 생성되면 다음 단계는 이론의 정확성을 검증하는 것이다. 이론 검증 과정에는 특히 뉴스 보도와 연관성을 가진 두 가지 특징이 있다.

가. 한 번에 하나의 이론

첫째, 지각자들은 한 번에 하나의 이론을 검증하려는 경향이 강하다(Wason & Johnson-Laird, 1965). 즉, 병렬적이 아니라 순차적으로 검증하는 것이다. 기자가 만일 페미니즘이 여성들 삶에 미치는 부정적 영향에 관한 이론을 검증할 경우, 긍정적 영향에 관한 이론을 검증할 가능성은 낮다. 마찬가지로 사실로 확인된 선천적 기형 증가가 핵원자로 사고 때문이라는 가설을 검증할 경우, 원전 사고 때문이 아니라는 가설을 동시에 검증하지 않을 가능성이 있다. 이 사안을 취재하는 기자로서는 출생률 증가 등 다른 변수들이 선천적 기형의 원인일 수 있다는 생각이 아예 떠오르지 않을 수도 있다(Stocking, 1989a).

나. 확증 편향Confirmation Bias

둘째, 사람들은 이론을 검증할 때 이론 확증 전략theory-confirming strategy에 의존하는 경향이 매우 뚜렷하다. 다시 말해, 사람들은 검증하려는 이론을 부정하기보다 확인해 주는 증거를 찾으려는 편향성을 보인다.[14]

이론 확증 전략에는 이론을 편향적으로 확증할 수 있도록 해 주는 몇 가지 기법들이 존재한다. 첫째, 사람들은 자신이 믿는 이론을 부정하지 않고 확인해 줄 뉴스 소스나 취재원을 가장 먼저 선택한다. 둘째, 제기하는 질문의 범위와 유형을 제한할 수 있다. 즉, 자신들의 가설을 뒷받침하는 정보를 얻어 낼 수 있는 질문만 선택적으로 한다.

세 번째는 두 번째와 연관된 것으로, 뉴스 소스들을 상대로 (예컨대 떠받들거나 혹은 괴롭히는 방식으로) 자신의 가설을 확증하는 행동을 이끌어 내는 것이다. 마지막으로 자신들이 제기한 질문에 (뉴스 취재원들이) 답변하지 않거나 부인하는 경우에도, 자신들의 이론과 일치하는 결론을 이끌어 내는 것이다. 즉, 답변이 아니라 질문을 확증의 근거로 이용하는 것이다. 다음은 이론 확증에 이용되는 각각의 기법들에 대한 설명이다.

(1) 뉴스 취재원 선별sourcing

지금까지 이 문제에 관해 심리학자들의 언급은 많지 않지만, 사람들은 자신이 믿는 이론을 확증하는 증거를 선호하는 경향이 매우 높다. 편향성을 보여서는 안 된다고 강조할 때조차 그렇다. 그러다 보니 기자들도 뉴스 취재원을 선택할 때, 이론 확증 전략에 의존할 가능성이 충분히 예상된다. 즉, 기자들은 무의식적으로 자신의 이론을 확인해 줄 뉴스 취재원을 선호할 수 있다. 원선 방사능 누출이 선천적 기형 증가의 원인이라는 것을 믿는 기자라면, 이 같은 가설에 의문을 갖는 뉴스 취재원은 만나지 않을 수도 있다. 대신 방사능이 태아 성장에 미치는 영향에 관해 전문적 지식을 갖는 교수를 만나려 할 것이다(Stocking, 1980a).

기자가 어떤 기사를 쓸 것인지 결정하는 바로 그 순간에 편향적인 취재가 시작될 수 있다. 피시만(1980)은 어떤 기자들의 경우 뉴스 취재 과정이 즉흥적이고 사적일 수 있다는 점에 주목했다. 즉, 기자는 보도의 관점을 찾기 위해 얼마 전 자신이 읽은 책을 참고로 하거나 특정 인물을 알 것 같은 친구에게 물어보기도 한다. 엘리엇Elliott(1972)은 TV 제작팀의 사례를 보여준다. 이 다큐멘터리 제작팀은 다큐멘터리와 관련된 선입견에 사로잡혀서 이 같은 선입견을 지지할 인물들을 섭외하려 했다. 이처럼 기자들이 갖는 이론은 뉴스 취재원 섭외에 큰 영향을 미치는 것으로 보인다.

저널리스트들은 뉴스 취재원 표본을 편향적으로 선택할 수 있다. 이뿐만 아니라 저널리스트들은 편향된 표본으로 결론을 도출할 경우 오류가 불가피하다는 사실을 외면하기도 한다. 특정 로비 집단, 의학계의 특정 집단, 혹은 언론계의 특정 취재원 등 특정한 뉴스 취재원이 제공한 데이터 표본 등이 여기에 해당한다. 심리학자들은 사람들이 표본의 특성, 즉 누가 포함됐는지, 어떻게 추출됐는지 등에 충분한 관심을 기울이지 않는다는 것을 밝혀냈다. 그러나 이런 특성들은 모집단에 대한 표본의 대표성을 말해주는 것이다(Tversky & Kahneman, 1974 ; Nisbett & Ross, 1980).

윌호이트와 위버Wilhoit & Weaver(1980)는 저널리스트들이 여론조사 데이터를 활용할 때 일어나는 이 문제점을 지적했다. 그러나 이 문제는 다른 경우에도 나타난다. 탄카드Tankard(1976, 51~52쪽)는 1970년대 워터게이트 청문회 취재 방식을 지적했다. 어떤 기자는 샘 어빈Sam Ervin 상원의원이 주도한 워터게이트 특별위원회로 날아온 편지들을 근거로, TV로 생중계된 청문회에 대한 시청자들의 반응이 긍정적이었다고 보도했다. 그러나 어떤 기자는 스포츠 중계를 취소하고 청문회를 중계한 TV 방송사 직원들에게 걸려온 전화를 근거로 상반된 결론을 내렸다. 양쪽 모두 결론을 내릴 때 근거로 삼은 표본에 내재된 편향성을 간과한 것으로 보인다.

(2) 질문하기questioning

일단 뉴스 취재원을 선택하고 나면, 그들에게 증거를 부정하기보다 확인해 줄 질문을 하려 할 수 있다. 이론 확증 편향에 관한 연구는 초기에 나온 스나이더와 스완Snyder & Swann(1978)의 연구 사례가 있다. 스나이더와 스완은 피실험자들에게 (수줍은 성격에 많은 사람들 사이에서 심리적으로 불편함을 느끼는) 전형적으로 내성적인 사람에 관해, 또는 (사교적이고 붙임성 있는) 전형적으로 외향적 성향의 사람에 관해 간략히 설명했다. 그런 다음 피실험자들에게 초면의 인물과 대화를 하게 될 것이라고 말하고 대화에 앞서 피실험자들이 그 인물을 잘 알기 위해 하고 싶은 질문들을 선택하도록 했다.

내성적 인간에 관한 설명을 들은 피실험자들은 생전 처음 만나는 사람이 내성적이라고 믿을 하등의 이유는 없다. 그럼에도 이 낯선 인물이 내성적일 것이라는 이론을 검증하려 했고, 따라서 그 인물이 내성적임을 확인해 줄 수 있는 질문들을 선택했다. 외향적이라고 믿는 피실험자들은 초면의 인물이 외향적임을 밝힐 수 있는 질문들만을 선택했다.

이뿐만 아니라 이 연구에선 가설 확증 전략 때문에 초면의 인물로부터 얻을 수 있는 정보의 범위와 유형이 제한적이었다. 그러다 보니 (내성적이라고 생각하고 질문을 했거나, 외향적이라고 생각하고 질문을 했더라도) 지각자들은 자신의 가설을 확증하는 답변만 얻을 수 있었다. 게다가 양측 질문자들 모두 자신들의 가설이 상대의 답변으로 확인됐다고 간주해 추가 질문은 하지 않았다(Snyder & Cantor, 1979 참조).

후속 연구들은 스나이더 등이 이 연구에서 사용한 대

부분의 질문들이 조사 연구자들의 "유도성" 질문임을 밝혀냈다(Trope & Bassok, 1982). 즉, "시끄러운 파티와 관련해 어떤 점을 싫어하는가?"와 같은 유형의 질문인 것이다. 이 같은 질문은 불일치 증거가 아니라 확정적 증거로만 이끄는 질문들이다. 따라서 이 같은 질문을 선택한 피실험자들이 자신들의 가설을 확인해 주는 정보를 얻었다는 것은 어찌 보면 당연하다.

유사한 다른 실험들에서는 피실험자들이 스스로 질문을 만들어서 하도록 했다. 그러자 그들은 비방향적이거나 "진단적" 질문을 더 많이 했다. 즉, 대립하는 두 가설의 진위 판단에 필요한 정보를 얻기 위해 질문을 했다. "당신은 시끄러운 파티를 좋아합니까?"와 같은 질문이 여기에 해당한다.[15]

저널리스트가 질문을 할 때, 어느 정도까지 가설 확증 전략에 의존할지는 분명치 않다. 저널리스트들은 일반인들보다 질문 기법에 관한 훈련을 더 잘 받았을 것이다. 따라서 유도성 질문 가능성은 더 낮고, 비방향성 혹은 진단적 질문 가능성은 더 클 것이다.

한편 저널리스트들은 여러 압력을 받으며 일한다. 이러한 압박은 앞서 언급한 피실험자들의 경우에는 해당되지 않는다. 예를 들어 앞선 연구에서 피실험자들은 "외향적"이거나 "내성적" 가설 어느 것과도 특별한 이해관계가 없었다. 반면 저널리스트들의 경우 가설이 기사를 쓰기 위한 것인 만큼 이해관계가 있을 수 있다. 실제로 저널리즘에서 분명히 어떤 가설(즉, "X는 거짓말쟁이일 수 있다")이 대립하는 가설(즉, "X는 정직하다")보다 더 좋은 기사를 쓰게 할 수 있다. 그러다 보니 기자들은 은연중에 자신이 쓰고 싶은 기사를 쓰는 데 도움이 되는 질문들을 선택할 수도 있다.

어떤 개념은 정설처럼 간주되는 경우도 있다. 이 경우 기자들은 대립하는 가설이 있을 가능성을 깨닫지 못한다.[16] '외향적-내성적' 연구 때와는 전적으로 다른 상황이다. '외향적-내성적' 연구에서는 (외향적이라는) 하나의 가설이 (내성적이라는) 대립하는 가설이 있다는 것을 명시적이거나 암시적으로 가리키기 때문이다. 대립하는 가설이 있을 가능성을 인식하지 못할 경우, 저널리스트들은 자신도 모르게 특정 가설을 (다른 가설 가능성은 인식하지 못하기 때문에) 확증하는 유도 질문으로 치우칠 수 있다. 좀 더 정확히 표현하면, 저널리스트들은 제한된 표본 정보만 얻을 수 있는 질문을 하는 것이다.

예를 들어 (편집국이나 다른 신문사들, 정보원들 사이에) 노인을 대상으로 한 '범죄가 급증하고 있다'는 시각이 널리 공유되고 있는 것으로 보인다고 하자. 기자들은 "어떤 범죄들이 노인 대상 범죄 급증에 가장 큰 원인이 되고 있는가?" 혹은 "노인 대상 범죄 증가가 시 차원의 범죄 예방 프로그램을 위한 예산 마련에 어떤 영향을 미칠 것인가?"라는 질문들을 제기할 수 있을 것이다.

마찬가지로 치명적 장애는 극복될 수 있다는 생각이 (혹은 희망이) 널리 공유되고 있는 것으로 보인다고 하자. 만약 기자들이 이와 관련해 다른 가능성들이 있는 것을 깨닫지 못하고 이 가설을 그대로 믿는다고 생각해 보자. 기자들은 장애인들에게 장애 "극복" 경험을 얻어 낼 수 있는 질문을 집중적으로 물을 수도 있다. "어떻게 장애를 극복했습니까?"와 같은 질문이 여기에 해당된다.

(3) 뉴스 취재원 다루기handling of sources

뉴스 취재원에게 이론을 확증하는 정보를 얻어 낼 질문을 하는 것이 전부는 아니다. 저널리스트들은 이론을 입증할 증거를 얻기 위한 다른 시도를 할 수 있다. 즉, 기자들은 자신들이 작성할 기사의 주제(예컨대 정치권 후보는 '겁쟁이'나 '무능력자'라거나, 노숙자는 '정신 질환자'라는 주제)를 믿을 경우, 이를 지지하는 답변을 얻어 낼 수 있게 뉴스 취재원을 다룰 수 있다.

몇몇 연구들은 이 같은 자기실현적 예언self-fulfilling prophesy 사례를 보여준다. 잘 알려진 연구로 스나이더와 탠키, 버셰이드(Snyder, Tanke, & Bersheid, 1977)는 남녀 대학생들 간 전화 미팅을 주선했다. 전화 미팅에 앞서 남학생들에게 여자 파트너의 외모에 대해 기대를 품을 수 있는 단서가 제공됐다. 남학생들의 절반은 여자 파트너가 매력적이라고 기대할 수 있는 단서를 받았고, 나머지 절반은 여자 파트너가 매력적이지 않다는 기대를 갖게 하는 단서를 받았다.

예상대로 남학생들은 자신들의 기대를 토대로 상대 여학생과 대화를 진행했고, 자신들의 기대를 확증하는 반응을 얻어냈다. 즉, 매력적인 여학생과 대화를 하고 있다고 믿은 남학생들은 상대 여학생들이 차분하고 사교적일 것으로 기대했고, 따라서 더 다정하고 따뜻한 태도를 보였다. 남학생들이 이 같은 태도를 보이자, (매력적일 수도 있고 아닐 수도 있는, 그리고 상대 남학생들이 자신에 대해 어떤 정보를 제공 받았는지도 모르는) 상대 여학생들은 남학생들의 기대에 일치하는 반응을 나타냈다. 다시 말해, 남학생들이 매력적일 거라고 믿은 여학생들은 남학생들의 따뜻함과 다정함에 상응하는 태도를 보였다. 반대로 남학생들이 매력적이지 않을 거라고 생각한 여학생들은 쌀쌀맞고 냉담한 반응을 나타냈다.

CBS News 부사장이자 이사를 지낸 버튼 벤자민Burton Benjamin은 자신의 책 『페어플레이Fair Play』에서 언론의 행동 확증behavioral confirmation을 보여주는 사례를 제시했다(Benjamin, 1988). 벤자민은 여기서 CBS 다큐멘터리 '드러나지 않은 적 : 베트남 사기극The Uncounted Enemy : A Vietnam Deception'과 관련한 매우 흥미로운, 그러나 치우치지 않은 설명을 하고 있다. 윌리엄 웨스트모어랜드 장군은 이 다큐멘터리를 상대로 1억 2천만 달러의 소송을 제기했었다.

특히 벤자민은 저널리스트들이 뉴스 소스들을 차등적으로 대하고 있다는 증거를 제시했다. 다큐멘터리의 주제에 우호적인 많은 뉴스 소스들은 인터뷰 리허설 기회가 주어졌고, 실제 인터뷰에서는 "지나치게 친절한" 대접을 받았다. 반면 그 주제에 반대 입장을 가진 상대적으로 소수인 뉴스 소스들은 눈에 띄게 가혹한 대우를 받았다. 수석 기자 마이크 월러스Mike Wallace가 단호한 질문을 던지자 이 다큐멘터리에서 악당 역할을 맡은 웨스트모어랜드 장군은 진땀을 흘리며 혀로 입술을 핥았다. 웨스트모어랜드의 이 같은 행동은 뜨거운 조명 때문일 수도 있었다. 하지만 웨스트모어랜드는 그가 거짓말쟁이임을 암시하도록 의도적으로 배치된 질문들과 마이크 월러스의 단호한 어조 때문에 수세에 몰렸다. 그리고 그러한 수세적 태도는 초 근접 카메라에 모두 잡혔다. 인터뷰가 끝나갈 무렵 웨스트모어랜드 장군은 "당했다"며 자리를 박차고 스튜디오 밖으로 나간 것으로 알려졌다.

(4) 문제 제기에 대해 대응하기responding to the raised question

앞서 봤듯이 개인들은 의식하지 못하더라도 자신의 이론을 확증할 수도 있다. 여기에는 제한된 시각을 가진 편중된 뉴스 소스들을 이용하거나, 범위와 종류가 매우 한정적인 질문을 하거나, 확증 증거를 제공하도록 뉴스 소스를 다루는 방식 등이 있다. 연구자들은 또한 사람들이 제기한 질문에서 이론을 확증하는 결론을 이끌어 낼 수 있다는 것도 밝혀냈다. 심지어 질문을 받은 상대방이 답변을 하지 않거나 이론을 부정하는 경우라도 말이다.

스완, 길라노, 웨그너(Swann, Gilano, & Wegner, 1982)는 특정 성격을 드러내도록 설계된 질문들(외향적 성격을 드러내도록 설계된 일련의 질문들로, 예를 들면 "파티 분위기를 띄우기 위해 무엇을 하겠습니까?"와 같은 것)을 개인에게 묻는 인터뷰를 진행했다. 이 인터뷰 옵서버들은 두 가지 중요한 점을 인지하고 있었다. 첫째, 인터뷰 진행자가 인터뷰 대상자를 외향적으로 추정할 실제적 근거는 없다는 것. 둘째, 인터뷰 대상자들의 답변은 자신들이 외향적이라는 추정에 의문을 갖고 있다는 것이다. 그럼에도—또한 어쩌면 질문이 제기됐다는 그 자체만으로—관찰자들은 인터뷰 대상자가 실제로 외향적이라는 추론을 하게 됐다. 왜일까? 인터뷰 대상자에게서 외향성이 분명히 드러날 것이며, 그렇지 않다면 왜 인터뷰 진행자가 그 같은 질문을 하겠느냐고 생각했기 때문이다.

다른 사람들이 제기한 문제나 의혹에 대한 대응으로, 저널리스트들이 자신의 이론을 뒷받침하는 추론적 결론을 제시하는 사례들을 언론에서는 흔히 볼 수 있다. 뉴스 소스가 답변을 거부하거나 의혹을 전면 부인하는 경우에도 그렇다. 예를 들면, 언론에는 늘 뉴스 소스가 범법행위를 했거나 (혹은 다른 사람의 불법 행위를 인지했을) 가능성을 제기하는 기사가 실린다. 그리고는 한두 줄로 뉴스 소스가 그 같은 의혹을 부인했다고 덧붙인다. 즉, 주요 정부 관리가 부하의 불법 행위를 인지하고 있을 가능성이 있다고 보도하면서 "고위 인사는 자주 부하들과 논의를 했다. 이 때문에 그 인사가 부하들의 행동에 대해 알고 있었을 것이라는 주장이 힘을 얻었다. 그러나 부하들의 비행을 알고 있었느냐는 질문에 (그 고위 인사는) 의혹을 부인했다"고 쓰는 것이다.

언론은 또한 공인이 미래에 내릴 결정에 대해서도 추론한다. 그 공인이 전면 부인을 하더라도 그렇다. 때로는 이 같은 추론에 충분한 근거가 있을 때도 있다. 예를 들어보자. 1987년에 한 뉴스위크 기자는 당시 교통부 장관인 엘리자베스 돌Elizabeth Dole이 곧 장관직을 사퇴할 것에 대비해 모종의 움직임을 취하고 있다고 보도했다. 장관직 사퇴는 남편 로버트 돌Robert Dole의 대통령 선거 유세에 참여하기 위해서라는 것이다. 문제의 보도는 엘리자베스 돌이 사퇴 가능성을 부인했다고 덧붙였지만, 처음부터 끝까지 그 기사의 요지는 돌의 사퇴를 점치는 것이었다("사퇴 서두르는 돌Dole in fast track", 1987).

그러나 그 같은 추론에 충분한 근거가 없을 때도 있다. 전미여성기구NOW 캘리포니아 지부장을 지낸 바 있는 지니 포우트Ginny Foat 사례를 보자. 1983년 시사주간지 타임은 저널리즘을 다룬 표지 기사를 실었다. 이 기사에는 포우트의 발언이 실렸다. 포우트는 몇 년 전 일어난 살인 사건 용의자로 자신이 체포되자 언론이 자신을 범인인 양 보도했다고 말했다. 기자들은 포우트의 배경을 철저히 뒤졌다. 끔찍한 범죄를 저지를 수 있는 인간 유형에 들어맞는 성격적 특성을 찾기 위해서였다. "그들은 다수가 믿는 대로 믿었다. 당신이 체포되면 유죄가 분명하다는 식이었다"(Henry, 1983, 83쪽). 포우트는 2시간의 배심 평의 끝에 무죄 방면됐다. 그러나 언론의 포우트 사건 보도가 잘 보여 주듯이, 언론이 처음에 제기한 추론들은 그녀에게 씻을 수 없는 상처를 남겼다.

스완의 연구가 보여주듯이 기자들이 뉴스 취재원들의 답변과 무관하게 그들에 대해 의혹을 제기할 경우 부지불식간에 뉴스 취재원의 성격이나 의도를 보는 독자들의 판단에 영향을 미칠 수 있다. 캘빈 트릴린Calvin Trillin은 뉴요커에 쓴 마이애미 헤럴드 경찰 담당 기자 에드나 뷰캐

넌Edna Buchanan의 프로필에서 이 같은 점을 지적하고 있는 듯하다. 트릴린은 "신문이 누군가를 용의자라고 지칭하면 명예훼손이 될 수 있다. 그렇지만 신문은 당사자가 범행을 부인했다고 보도하는 방식으로 같은 메시지를 전달할 수 있다"고 지적했다(Trillin, 1986, 40쪽).[17]

CHAPTER 06

정보의 선택

사람들이 대체적으로 자신의 이론을 확증하는 증거를 적극적으로 추구한다는 점을 생각할 때 그들이 정보를 취사 선택하는 것은 어찌 보면 당연할 수 있다.

이뿐만 아니라, 정보를 취사 선택할 때 사람들은 다른 인지 선호들을 드러낸다. 예를 들면, 어떤 식으로든 자신들의 눈길을 끄는 인물이나 사건에 주목하는 경우가 많다. 즉, 자신들의 시선을 사로잡는 것에 주목한다. 또 관념적인 통계 정보보다 일화성 정보를 선호한다. 통계 정보가 더 유효하고 신뢰할 수 있는 경우라도 그렇다.

이처럼 특정 정보 선호는 모든 주제와 분야에서 나타나는 것으로 보인다(Nisbett & Ross, 1980). 따라서 정보의 선택과 관련된 여러 편향들—범주화, 이론 생성, 이론 검증에서 작용하는 편향들—이 뉴스 제작 과정에 영향을 미친다고 믿을 충분한 이유가 있다.

가. 이론과 일치하는 정보를 선호한다

여러 연구에서 사람들은 자신의 이론을 뒷받침하는 정보를 선택적으로 받아들이는 경향이 있다는 것을 밝혀냈다. 해당 연구들은 지각자가 어떤 상황에 관해 이론을 생성하거나 선택하도록 했다. 그런 다음 그들에게 그 이론을 뒷받침하거나 부정하는 일련의 정보들을 제공했다. 로드, 로스, 그리고 레퍼(Lord, Ross, & Lepper, 1979)의 연구를 살펴보자. 이들은 사형제도에 관한 (범죄 억제 효과가 있는지 아니면 없는지에 관한) 견해를 갖는 사람들에게 두 가지 경험 연구를 보여 주었다. 한 연구는 억제 효과를 지지하는 것이고, 다른 연구는 부정하는 것이다. 이 연구에서 사형제의 억제 효과를 인정하든 그렇지 않든, 지각자들은 자신들의 견해와 일치하는 연구를 더 유의미하고 신뢰할 수 있는 연구로 간주했다.

다른 연구들에서도 유사한 결과가 도출됐다. 이 가운데에는 아동 학습 능력 이론들에 관한 연구들(Darley & Gross, 1983), 인성 특성 이론들에 관한 연구들(Swann & Snyder, 1980), 정치적 사건들을 다루는 이론들에 관한 연구들(Fiske & Kinder, 1981), 그밖에 여러 일상적인 사회

이슈들을 다루는 이론들에 관한 연구들(Fiske & Kinder, 1981 ; Judd& Kulik, 1980 ; Anderson, 1983)이 있다.

자신의 이론을 부정하는 데이터가 눈앞에 있는데도, 자신의 이론을 뒷받침하는 증거를 계속 선호하는 이유가 뭘까? 이를 가능하게 하는 몇 가지 프로세스가 있는 것으로 보인다.

첫째, 많은 경우 자신의 이론을 부정하는 증거를 신뢰성이 낮거나 부정직한 출처에서 나온 것으로 간주한다 (Lord, Ross, & Lepper, 1979). 특히 연구 방법에 매우 비판적인 태도를 취하면서 전혀 신뢰할 수 없는 걸로 완전히 무시해 버리기도 한다.

기자들도 크게 다르지 않을 수 있다. (인물이든 데이터 자료든) 자신들의 이론에 반하는 뉴스 취재원은 신뢰성이 낮다는 이유로 무시해 버린다. 이와 관련해 피시만은 뉴욕시에서 일어난 일련의 사건들이 어떻게 "범죄 급증"과 엮어지는지를 설명했다. 피시만은 "범죄 급증 취재가 시작된 지 일주일 반이 지난 뒤, 경찰 무전은 지속적으로 거의 하루에 한 번꼴로 언론에 새로운 사건을 알렸다"고 설명한다 (Fishman, 1980, 10쪽). 한 기자가 경찰 범죄 통계를 살펴보다, 노인을 상대로 한 범죄가 일 년 전에 비해 늘어난 게 아니라 줄어들었다는 것을 알게 됐다. 그래도 범죄 급증에 관한 취재는 중단되지 않았다. 피시만이 지적하듯, "그 기자는 좀 의아하긴 했지만 경찰의 통계를 무시하기로 한 것이다. 문제의 통계는 신뢰성이 떨어지고 불완전하다고 판단했다. 게다가 그만두거나 축소하기에는 그 사안이 너무 중대하다고 생각했기에, 취재를 계속하기로 했다"(Fishman, 1980, 5쪽).

불일치 증거를 깎아내리기 위한 두 번째 프로세스는 불일치 증거를 일시적이거나 특수한 상황 때문이라고 치부하는 것이다. 성품이 정직하고 곧은 것으로 알려진 한 정치인이 있는데, 어쩌다 거짓말이 들통났다고 가정하자. 언론은 그가 잠시 혼동을 했거나, 기억에 문제가 있거나, 보좌관들의 잘못된 조언 때문이거나, 아니면 공직자 스트레스 탓이라고 보도할 수 있다(Ross, Lepper, & Hubbard, 1975 ; Hayden & Mischel, 1976). 저널리스트들이 스스로 이렇게 해석을 하지는 않더라도, 제3자의 이 같은 해석을 더 신뢰할 수 있는 것으로 간주해 강조할 수 있다.

불일치 증거를 깎아내리기 위한 또 다른 프로세스는 문제의 증거가 "피상적"이며 "수면 아래" 상황을 제대로 보여주지 못한다고 깎아내리는 것이다. "자기 잇속만 챙기는"

것으로 간주되는 사람이 갑자기 관대한 행동을 했다면, 그 관대한 행동은 실제 성격을 보여주는 것이 아니라고 깎아내린다. 심지어 자기 잇속을 챙기기 위해 취한 행동으로 해석해 버릴 수도 있다(Hayden & Mischel, 1976). 대표적 사례로 이반 보스키Ivan Boesky에 관한 1987년 월스트리트 저널 기사가 있다. 보스키는 월스트리트 내부자 거래 스캔들과 관련해 중죄 혐의를 시인한 인물이다. 얼마 뒤 월스트리트 저널은 그에 관한 기사를 게재했다(Miller, 1987, 12쪽). 기사 전체에 걸쳐 보스키는 탐욕스런 사기꾼으로 묘사됐다. 실제로 연쇄 살인범인 잭 더 리퍼에 빗대기도 했다. 은 또 보스키가 스캔들에 연루된 것으로 드러난 이후 행적을 전하면서, 보스키가 봉사활동을 하려 했다는 점에 주목했다. 그리고 이는 "많은 화이트 컬러 사기꾼들이 판사에게 좋은 인상을 주기 위해 하는 행위"라고 덧붙였다(그리고 이 부분을 이탤릭체로 강조했다).

연구자들은 이론에 대한 호응이 클수록 이런 깎아내리기 메커니즘이 특히 잘 작동하는 것으로 보고 있다(Houston & Fazio, 1989). 고령의 친척이 강도를 당한 한 기자가 있다고 생각해 보자. 이 기자는 노인을 대상으로 한 범죄가 증가하고 있다는 강력한 (아마 더 기꺼이 공감할 수 있는)

믿음을 갖게 될 것이다. 따라서 특히 이 기자가 노인을 대상으로 한 범죄가 줄고 있다는 경찰의 통계는 깎아내릴 가능성은 충분히 예상할 수 있다.

깎아내리기 메커니즘이 어느 결론(정확하거나 부정확한)으로 이어지든, 사람들은 그 메커니즘에 충실한 경향을 보인다. 즉, 정보가 일치하면 분명한 사실이며 신뢰할 수 있다고 간주한다. 그리고 그에 반하는 정보에 대해서는 추가 설명이나 해명이 필요하다고 생각한다. 그러다 보니 불일치 증거가 나타날 경우 뜻밖의 결과가 초래되기도 한다. 예컨대 지각자들이 불일치 증거에 대해 더 검토하고 추가 설명을 찾아가는 과정에서 오히려 처음 가설이 가장 정확하며 논리적이라는 확신을 굳힐 수 있다(Hastie & Kumar, 1979). 이렇게 이론과 일치하지 않는 증거가 나타난 뒤에 극단화polarization가 나타나면서 이론이 약화되는 것이 아니라 오히려 강화될 수 있다(Lord, Ross & Lepper, 1979).

현재 진행형 행동을 관찰할 때도 사람들은 자신들의 이론과 일치하는 증거를 선호하는 유사한 선택성을 보인다. 이 같은 결과를 만들어 내는 메커니즘은 명확히 드러나지 않았다. 다만 지각자가 의도적 선택을 하는 다른 이론 확증 편향과 달리, 이 메커니즘은 통제되거나 의도적인 프로세스로 간주되지 않는 게 일반적이다(Darley & Gross, 1983 ; Fazio & Herr, 1984).

부정직하게 보이는 정치인이 있다고 하자. 우리는 그의 현재 진행형 행동들을 관찰하면서, 즉 시선을 돌리거나 손을 떠는 것을 보면서 우리의 생각이 맞다고 확신할 가능성이 크다. 우리의 이론을 부정할 수 있는 요소, 즉 그 정치인의 강직함은 간과할 수 있다.

이 같은 상황을 잘 보여주는 사례는 1974년 워싱턴포스트 기자인 번스타인Bernstein과 우드워드Woodward다. 두 기자는 대통령 기자회견을 취재했을 때를 언급했다. 이 회견은 번스타인과 우드워드가 괴한의 워터게이트 침입에 백악관이 연루되어 있음을 폭로하는 보도를 내보내기 시작하고 얼마 뒤 열렸다. 두 기자는 기자회견 내내 닉슨이 손을 떠는 것을 봤고, 기자회견을 전하는 보도 말미에 이 같은 관찰을 덧붙였다. 반면 우드워드나 번스타인만큼 워터게이트 사건을 집중적으로 취재하지 않았던 다른 기자들은 닉슨의 손이 떨린 것을 기사에 포함하지 않았다. 이들 기자들은 나중에 닉슨이 손을 떨었다는 걸 확인해 주었다.[18]

우드워드와 번스타인이 닉슨의 손에 주목했다면, 다른

기자들은 그렇지 않았다. 그건 다른 기자들과 달리, 우드워드와 번스타인은 닉슨이 범법행위를 했다는 강한 의심을 하고 있었고, 닉슨의 떨리는 손이 이 같은 의혹을 뒷받침하는 것이었기 때문이다. 그런데 워싱턴포스트 편집진은 나중에 닉슨의 손이 떨렸다는 부분을 보도에서 밝혔다.

또 다른 예는 스포츠 취재기자들이 상대 팀의 "비열한" 경기만을 선택적으로 부각하는 경우다. 상대 팀의 경기는 으레 "비열하다"고 보는 반면, 홈팀의 "비열한" 전술에는 상대적으로 관심을 두지 않는다. 하스토프와 캔트릴(Hastorf & Cantrill, 1954)은 1951년 프린스턴대학과 다트머스대학이 매우 "비열한" 경기를 했다는 학생들의 기사에서 그 같은 차별적인 인식/관심의 증거를 찾아냈다(재인용 Loftus, 1979, 40쪽). 마찬가지로 종군기자들도 적군의 잔혹 행위나 조약 위반을 선택적으로 더 강조할 수 있다. 반면 미군의 유사한 잔혹 행위에는 큰 관심을 갖지 않는다. 이 같은 관심의 불균형은 전체 전쟁 상황을 보는 인식과 보도에 불균형을 초래할 수 있다.

(1) 현저성 편향saliency biases

일관성 편향consistency biases에서는 선험적 이론이 주는 신호가 중요하다. 그러나 다른 편향들의 경우, 환경이 주는 신호가 중요할 수 있다. 우리를 자극하는 신호들 가운데 가장 중요한 것 중 하나는 우리 주변의 인물이나 사건이 갖는 현저성이다. 지각자들은 눈에 띄는 자극에 집중하는 편향을 강하게 나타낸다. 인물이나 사건의 현저성은 인물의 위치나 사건이 일어난 곳과 같은 더 큰 맥락과 관련해 결정된다.

피스크와 테일러(Fiske & Taylor, 1984)는 맥락과 관련된 현저성을 크게 세 부류로 나눴다. 형상적으로 눈길을 끄는 인물이나 사건은 (폭발처럼 눈길을 끄는 것으로, 밝게 빛나거나, 움직이거나, 복잡하기 때문에) 주목을 받을 수 있다. 새로운 기록의 인물이나 사건(첫 혹은 유일한 여성이나 흑인, 히스패닉계 인물 등등)도 그렇다. 그리고 이례적이거나 의외인 인물이나 사건(계획하지 않았던 사건이나, 부정적이거나 극단적 행동)도 눈길을 끌 수 있다. 마지막으로 기자의 목적과 연관이 있는 인물이나 사건도 관심의 대상이 될 수 있다.

현저성은 인물이나 사건의 특정한 측면에 관한 관심을 높이고, 다른 측면에 관한 관심을 약화시켜서 보도에 영향을 미칠 수 있다. 예를 들면, 경찰 기자는 살인을 취재하면서 "분명히 흥미롭다"고 말할 수 있는 측면에 집중하고, 흥미롭진 않지만 지역에서 살인 발생 추세와 근원적 원인을 보여줄 수도 있는 측면에 대해서는 간과할 수 있다.

마찬가지로, 노벨상 수상자들을 취재할 때 기자는 수상자에 관한 뜻밖의 사실들(그녀는 '브롱크스의 주부'와 같았다 등)을 집중적으로 부각하지만, 반면 평범하지만 더 중요할 수 있는 측면(과학자들의 뛰어난 능력과 연구 등)은 소홀히 할 수 있다. 사회학자 도로시 닐킨Dorothy Nelkin은 과학과 기술에 대한 언론의 보도를 다룬 책에서 노벨상 수상자들을 취재하는 기자들의 그 같은 성향을 보여주는 사례들을 제시했다.

잡지 『패밀리헬스Family Health』에 실린 1977년 노벨 의학상 수상자 로잘린 얄로우Rosalyn Yalow에 관한 기사에서, 기자는 "빠릿빠릿하며 유능하고 냉철한" 인물로 기대했는데, 실제로 만난 얄로우는 "학부모회 모금 행사에서 직접 구운 브라우니를 판매하는 학부모처럼 보였다"라고 썼다 (Nelkin, 1987, 19쪽 재인용).

현저성은 이목을 끌 뿐만 아니라 또 다른 강력한 효과도 갖고 있다. 현저성이 높은 자극에 대해서 사람들은 극단적 판단을 내리기 쉽다. 테일러(Taylor, 1981)의 연구에서 관찰자들이 한 여성이나 흑인이 백인 남성 그룹 사이에서 소통하는 모습을 관찰하도록 했다. 관찰자들은 (혼자인 여성이나 흑인이) 논의에 커다란 영향을 미칠 뿐 아니라, 보다 극단적인 반응을 얻었다고 여겼다. 동일한 상황에서 흑인 수를 늘려서 더 이상 두드러진 인물이 없는 상황을 만들었다. 그러자 관찰자들은 이전과 동일한 발언임에도 그 발언이 덜 극단적이고 전체 논의에 미치는 영향도 크지 않은 것으로 평가했다.

언론이 도드라지는 인물에 대해 극단적 평가를 하는 경우를 찾는 것은 어렵지 않다. 제럴딘 페라로Geraldine Ferraro는 미국 주요 정당의 첫 여성 부통령 후보였다. 언론은 부통령 후보인 페라로를 철저히 파헤치면서 이런저런 비판을 제기했는데, 대체로 너무 지나쳤다는 시각이다. 제시 잭슨Jesse Jackson은 1984년과 1988년 대선에 나선 유일한 흑인 후보였다. 그는 자신에 대한 언론의 보도에 지나친 면이 있다는 걸 확실히 안 것 같다. 1984년 캠페인에서 자신이 물 위를 걷는 것으로 밝혀지면 언론은 "잭슨은 수영을

할 수 없다"라고 쓸 것이라고 말하기도 했다.[19]

(2) 일화적 대 기저율 정보anecdotal versus base-rate information

사회·정치적 이슈를 보도할 때 기자들은 그 이슈를 설명해 주는 두 부류의 증거를 사용할 수 있다—통계적 추정치(사전 확률이나 비율) 혹은 구체적인 실제 사례들이다.

복지 제도 남용 문제를 취재할 때 기자들은 전체 인구 가운데 확인되거나 보고된 남용 사례 비율을 나타내는 통계 정보(기저율 정보)를 알 수 있다. 아니면 복지 시스템을 남용하는 한 사람의 복지 수혜자를 취재할 수도 있다. 어떤 정보를 우선할지 결정하는 과정에서 기자들은 구체적인 일화성 정보가 기저율 정보보다 더 유용하다는 일반적인 생각에 빠질 수 있다. 실제로는 기저율이 더 유효하고 신뢰할 수 있는 정보인데도 그렇다.

해밀과 윌슨, 니스벳Hamill, WIlson, & Nisbett(1980)은 연구에서 기저율 정보에 대한 홀대를 입증했다. 위에 언급한 사례는 그 연구에서 가져온 것이다. 피실험자들에게 경제적으로 궁핍하지 않지만 오랫동안 복지 혜택을 누려온 한 여성에 관한 생생한 잡지 기사를 보여주었다. 이 같은 일화성 사례와 함께 복지 시스템을 악용하는 비율을 보여주는 기저율 통계 수치도 제공했다. 기저율 정보는 복지 남용 사례가 많지 않으며 따라서 문제의 사례를 일반화하기 어렵다는 것을 가리키고 있다. 그럼에도 피실험자들은 일화성 사례가 복지 수혜자들의 일반적 상황을 대표하는 것으로 받아들였다. 유의미한 통계적 반박 증거가 있어도, 머리에 쏙 들어오는 일화성 사례가 피실험자들의 판단에 더 큰 영향을 미쳤다.

다른 연구에서도 통계적으로 여러 반박 증거가 있었지만, 사람들은 기저율 통계보다 구체적인 일화성 정보를 더 잘 기억했다(Taylor & Thompson, 1982).

신뢰성이 상대적으로 낮은 일화성 사례에 과잉 의존하는 것은 기저율 정보에 비해 훨씬 생생하고 흥미롭기 때문일 것이다(Nisbett & Borgida, 1975 ; Nisbett & Ross, 1980). 아니면 기저율 정보가 자신들의 판단에 더 유의미하다는 것을 사람들이 깨닫지 못하기 때문일 수도 있다(Tversky & Kahneman, 1978). 어느 쪽이든 앞의 심리학자들 실험의 피실험자들처럼 저널리스트들도 일화성 정보에 과잉 의존할 수 있다. 따라서 뉴스 소스가 의도적이든 아니든 일화성 사례 정보를 제공하면 기자들은 증거로 충분하다는 판단 아래 높은 신뢰성을 가진 기저율 정보를 더 이상 필요로 하지 않을 가능성이 있다.

일례로 한 소도시의 신문 기자는 정신 지체 아들을 둔 한 부부의 증언식 광고를 곧이곧대로 믿었다. 부부는 많은 시간을 쏟아야 하는 물리치료를 받은 뒤에 아들의 상태가 극적으로 개선됐다고 말했다. 여기서 시간 소모적이라는 것은 뇌 발달을 촉진하기 위해 그 치료를 받을 경우, 아이는 하루 대부분을 운동을 해야 한다는 의미다.

설득력이 큰 부부의 증언, 그리고 그 같은 물리치료를 전파하고 있는 한 전국 단위 조직이 제공한 유사한 일화성 정보만을 갖고 기자는 문제의 물리치료를 극찬하는 기사를 썼다.[20] 기사의 "공정성"을 위해 기자는 많은 의사들이 그 치료법 효과에 대해 회의적이라는 내용을 한 문단 정도 덧붙였다. 그렇지만 마음만 먹으면 의학 보고서에서 찾을 수 있는 기저율 정보는 간과했다. 실제로 의학적인 기저율 정보는 그 같은 물리치료의 효과에 대해 의문을 제기하고 있었다. 더욱이 기자가 더 깊게 취재를 했더라면 물리치료를 받고 아이가 크게 좋아졌다는 부모의 견해와는 다른 설명들을 찾을 수 있었을 것이다. 즉, 정신 지체 아들의 상태가 개선됐지만, 물리치료가 아니었더라도 상태가 개선됐을 가능성이 있다. 또 잘 될 것이라는 강한 믿음을 가진 사람은 실제보다 더 큰 "진전"이 있다고 생각할 수 있다.

저널리스트들이 이런 잘못을 피하고 기저율 정보를 제공했다고 하자. 이 경우에도 저널리스트들은 시청자나 독자들이 일화성 정보를 더 중시할 것이라는 점을 깨닫지 못할 수 있다. 또한 일화성 정보와 기저율 정보가 서로 다른 얘기를 할 경우 독자들이 잘못된 결론을 이끌어 낼 수도 있다는 점을 간과할 수도 있다.

나. 목격자 정보를 선호한다

배심 재판에서 목격자 증언이 갖는 효과에 관해 연구한 심리학자들(Loftus, 1979)은 배심원들은 다른 어떤 증거보다 목격자 증언을 더 중시한다는 것을 알아냈다. 목격자들의 인식이 앞서 언급한 여러 편향에서 자유롭지 못한데도, 또 어떤 경우에는 다른 증거들보다 신뢰성이 (높은 것이 아니라) 떨어지는데도 그렇다. 최근 연구(Bell & Loftus, 1989)는 특히 목격자 증언에 구체적 내용이 많이 담겨 있으면 사람들이 그 증언을 더 중요하게 평가한다는 것을 보여준다. 그 구체적 내용이 상점에서 절도 사건이 일어나기 전에 어떤 손님이 바닥에 떨어뜨린 상품이 몇 개인지와 같은 사소하거나 목격한 사건과 무관한 것이라고 해도 그렇다.

좀 더 일반화하면, 저널리스트들도 목격자들의 증언, 특히 구구절절한 증언을 필요 이상으로 중시해 선택할 수 있다. 다시 말하면, 저널리스트들도 배심원들처럼 목격자의 증언이 자신들이 취재하는 정보보다 더 "진실"이라고 판단해 증언에 "의존하는" 가능성도 생각할 수 있다. 그 경우 정보 수집 노력이 성급하게 중단될 수도 있다.

이 같은 추측을 뒷받침할 증거가 없지만 기자들은 목격자 증언이 상대적으로 우위에 있다는 것을 직감적으로 이해하는 것 같다. 신문과 잡지 에디터들은 직접 취재한 보도를 매우 중시하기 때문에 통신사 기자들이 현장에서 기사를 보내더라도 자사 기자들을 현장에 보낸다. TV 방송 기자들 역시 목격자의 증언을 중시하는 것 같다. 다수의 저녁 6시 뉴스가 "목격자 뉴스Eyewitness News"라는 타이틀을 달고 있듯이 말이다.

(1) 위험 지각에서의 편향biases in perceptions of risk

최근 몇 년 동안 위험에 관한(질병, 핵전쟁, 산성비, 간접흡연 등에 관한) 관심이 높아지면서 심리학자들은 사람들의 위험 지각에 관해 많은 연구들을 진행했다.

그 가운데서도 사람들이 극적이거나 충격적인 원인 때문에 사망할 위험을 과대평가한다는 것을 알아냈다. 암이나 천재지변, 살인, 사고 등이 여기에 해당한다. 반면 당뇨병이나 기종, 천식 등 극적이지 않은 원인으로 사망할 위험은 과소평가한다. 극적이지 않은 원인에 의한 사망의 경우 한 사람씩 죽어가며 보통 비치명적 양상을 띤다(Slovic, 1986).

따라서 저널리스트들이 극적이거나 충격적 원인에 의한 죽음에 관한 정보를 우선적으로 선택할 가능성을 예상할 수 있다. 극적이지 않은 원인으로 죽을 위험이 더 클 경우라도 말이다. 실제로 몇몇 연구자들은 그 같은 점을 밝혀냈다(예를 들면 Combs & Slovic, 1979). 연구자들은 저널리스트들 역시 위험에 관한 정보를 편향적으로 처리할 가능성이 있다고 말했다. 실제로 위험을 보도할 때 언론이 일반적으로 보여주는 그 같은 편향이 적어도 일정 부분 대중들이 갖는 인식 편향의 원인일 수 있다고 지적했다 (Combs & Slovic, 1979).

정보 선택에서 편향과 오류를 논할 때 저널리스트들이 여기서 다루지 않은 다른 많은 인지 편향과 오류에 빠질 수 있다는 것은 반드시 짚을 필요가 있다. 그 같은 편향과 오류에 관해 충분히 검토하기 위해서는 피스크와 테일러(1984)를 참고하기 바란다.

CHAPTER 07

정보의 통합(Integration of Information)

기자들은 뉴스 제작 과정의 어떤 시점에, 어쩌면 여러 시점에서 취재한 여러 다양한 정보들을 취합해 보도 가치가 있는 기사로 만들어야 한다. 개별적인 증거 조각들, 여러 관점과 시간대, 장소들을 종합해 일관되고 논리 정연한 전체 그림을 그려야 한다. 전체 그림을 그리기 위해서는 인과관계를 파악해야 하고, 그러자면 많은 경우 정보를 통합해야 한다. 기자는 기록해 놓았거나 기억 속에 저장한 정보를 불러와야 한다. 우리는 이제 이 과정이 편향 투성이라는 걸 안다. 그리고 최종적으로 기자는 정보 탐색을 종료한다. 심리학자들은 일반인들이 정보 탐색 종료에 영향을 미치는 몇몇 요소들, 나아가 그 같은 요소들이 편향과 오류에 미치는 영향에 관한 연구를 진행했다. 이 연구들이 밝힌 것들 가운데 일부는 기자들의 취재 및 보도와도 연관이 있다.

가. 사건의 인과적 연관성Causal Linking of Events

사회적 인지 및 인지심리학의 다양한 부문에서 진행된 최근 연구들—예를 들면, 일반인들이 사건을 어떻게 설명하는가에 대한 연구(Lalljee & Abelson, 1983 ; Leddo, Abelson, & Gross, 1984 ; Graesser & Black, 1985 ; Read, 1986 ; Einhorn & Hogarth, 1982), 인간의 인지 처리과정에 관한 컴퓨터 모델 구축에 관한 연구(예컨대 인공지능 연구 ; Shank & Abelson, 1977), 그리고 사람들이 내러티브를 어떻게 읽고 이해하는가에 대한 연구(Bower, Black, & Turner, 1979 ; Black, Galambos, & Read, 1984)—은 모두 사람들이 사건을 이해하는 데 인과관계 파악이 필수적이라는 것을 뒷받침하는 수렴적 증거를 보여주고 있다.

(1) 착각 상관관계illusory correlation

사건들 간 인과관계를 찾는 것은 사건을 이해하는 데 필수적이다. 그러다 보니 사람들은 흔히 인과관계가 없는 것으로 파악된 상황에서도 인과관계를 찾아낸다.

이 같은 성향을 착각 상관관계라고 부른다(Chapman

& Chapman, 1969). 해밀턴과 기포드(Hamilton & Gifford, 1976)는 연구를 통해 착각 상관관계를 보여주는 매우 적절한 예를 제시했다. 즉, 어떤 행동의 희소성이나 드문 현상, 그리고 특정한 인종, 사회 혹은 민족 집단의 희소성과 드문 현상 때문에 전혀 별개의 사건들이 서로 연관성을 가진 것으로 여겨질 수 있다고 봤다.

보다 구체적으로 설명하면, 미국에서 백인 중산층은 부정적 사회 행동들—공격성, 폭동, 범죄 행위 등—을 접할 기회가 드물다. 또한 주류 집단에 속한 대부분의 사람들은 다양한 인종이나 민족을 만날 기회가 많지 않다. 이런 주류 사회 개인들은 머릿속에서 생소한 별개의 두 변수를 엮는 연관성을 만들어 낸다. 즉, 소수 인종과 공격적이고 위험한 행동 사이에 연관성이 있다고 생각하는 것이다(다시 말해 착각 상관관계가 형성된다).

더욱이 주류 집단에 속한 사람들은 이 같은 착각에 의한 상관관계를 소수집단에 관한 또 다른 추론의 근거로 삼을 수 있다. 그 소수집단 사람들은 부정적 행동을 할 가능성이 높고, 대체로 나쁜 특성을 가졌다고 미루어 생각하는 것이다. 이렇듯 사람들은 착각 상관관계 때문에 잘못된 추론을 하고 원인 돌리기 오류를 저지를 수 있다.

이 같은 편향의 결과 주류 집단 중심의 뉴스매체가 소수집단 개인들의 부정적 행동을 부각시켜서 편향된 인식을 고착시킬 수 있다. 다시 말해, 기자들은 소수집단 출신 선수들의 약물 문제 및 경찰과의 갈등 등을 부각시킬 수 있다. 두 번째는 어떤 중요한 특성들을 부당하게 특정 소수집단의 것으로 돌리는 것이다. 일례로 아프리카계 미국인 집단을 빈번하고 과도하게 갈등, 말썽, 불법 행위, 폭력과 연관시킬 수 있다.

(2) 복잡한 사건 설명을 단순화하려는 경향

사건의 원인을 밝힐 때 우리가 빠질 수 있는 또 다른 편향은 복잡한 사건을 지나치게 단순화해서 설명하려는 것이다. 이런 경향은 이론의 확증 편향과 연관되어 있다. 즉, 사람들은 어떤 사건의 원인을 설명할 한 가지 이론을 믿게 되면 다른 기여 원인들을 무시해 버린다(Shaklee & Fischoff, 1977). 기자가 노숙인이 되는 이유를 정신 건강 프로그램 실패 때문이라고 믿을 경우, 다른 기여 원인들을 간과할 수 있다. 그 경우 그 기자는 노숙인이 되는 원인이 복합적이라는 점을 간과하게 돼 정확한 보도를 할 수 없게 된다.

(3) 근본적 귀인 오류the fundamental attribution error

뉴스 가운데는 개인이나 그룹 같은 인물들의 행동을 다루는 경우가 있다. 국가 원수들, 체육 선수들, 유명인사들, 미국 시민들, 전미유색인종지위향상협회NAACP 등이 뉴스의 대상이 되는 경우다.

개인이나 그룹 행동의 원인을 찾을 때, 비인간 사건non-personal event의 원인을 분석할 때는 고려하지 않는 다른 여러 요인들을 고려하게 된다. 개인 행동의 원인은 내적 기질, 능력, 혹은 행위자의 의도에서 찾을 수 있을 것이다. 증시 폭락 원인을 주식시장의 의도나 내재적 성격에서 찾는 것은 온당치 않지만 (은유적 의미라면 모를까), 사람의 행동 원인을 이 같은 내면적 성격에서 찾는 것은 대체로 타당하게 여겨진다.

사회적 인지에 관한 문헌들은 일반 지각자들의 경우 개인이나 그룹 행동의 원인을 찾을 때 즉각 (개인이나 그룹의) 기질을 떠올린다는 점을 지적한다. 실제로 가장 강력하고 흔히 나타나는 인지 편향은 사람들의 행동을 설명할 때 외적 혹은 상황 요인보다 개인적이거나 기질적 요인의 중요성을 과대평가하도록 한다. 개인적 인과변수를 상황

변수보다 중시하는 것을 기본적 귀인오류라고 한다. 여기서 '오류'라고 하는 이유는 실제로 환경이나 상황적 요인이 행동에 중요한 영향을 미쳤지만, 오히려 성격이나 기질로 문제의 행동을 설명하려는 경향이 크기 때문이다.

이 같은 편향을 뒷받침하는 연구로 가장 자주 인용되는 것은 존스와 해리스(Jones & Harris, 1967)의 경험적 연구다. 이 연구에서 지각자들은 명백한 상황적 제약 아래 행동하는 인물에 대해 추론을 해야 한다. 존스와 해리스는 ('행위자'로 불리는) 개인들에게 카스트로Castro와 카스트로의 쿠바 정책을 지지하는 에세이를 작성하도록 명시적으로 요구했다. '행위자들'은 존스와 해리스의 요구가 명시적이니만큼 그들 뜻대로 에세이를 작성했다. 따라서 '행위자들'의 에세이에는 카스트로를 지지하는 여러 언급이 포함됐다. 존스와 해리스는 이 에세이들을 두 번째 그룹인 다른 개인들에게 보여주고, 에세이 작성자들의 진짜 견해를 추론토록 했다. 두 번째 그룹은 에세이 작성자들이 연구자들의 요구에 따라야 한다는 것을 포함해 모든 정보를 인지하고 있었다.

'행위자들'에게 상황적 제약이 있는 것을 알고 있었지만, 에세이를 읽은 두 번째 그룹 사람들은 '행위자들'이 정말 카스트로를 지지하는 것으로 추론했다. 에세이 작성자들이 처한 (어쩔 수 없는 수 없는) 상황적 제약을 고려했다면, 다른 결론에 이르렀을 수도 있는데 말이다.

심지어 행위자가 표현할 의견을 피실험자들이 정할 때조차 피실험자들은 행위자들이 실제로 그 같은 견해를 갖고 있다고 생각하는 경향을 보였다(Gilbert & Jones, 1986). 종합해 볼 때, 이 연구들은 행동을 촉발하고, 제약하고, 초래하는 환경이나 상황 요인들을 간과하고, 행위자의 행동에 초점을 맞춰 결론을 이끌어 내는 경향을 뒷받침한다.

다른 연구들은 역할 놀이에서 나타나는 근본적 귀인 오류를 입증했다. 지각자들은 명시적인 역할 놀이나 역할 제약(깐깐하게 구는 도서관 사서, 혹은 권위적인 경찰과 같은)에 따라 이뤄지는 행동들이 행위자의 독특한 성격을 보여주는 것이라고 여긴다. 역할 제약도 그 같은 행동을 초래하는 데 중요한 원인인데 말이다(Ross, Amabile, & Steinmetz, 1977).

신문 기사를 찾아보면 이 같은 '기질 선호' 편향을 뒷받침하는 사례들이 적지 않다. 출판 재벌 랜돌프 허스트의 딸 패트리샤 허스트가 혁명적 무정부주의 집단인 공생해방군Symbioses Liberation Army에 납치됐던 사건을 살펴보자.

패트리샤 허스트는 불안정하고 생명을 위협받았을 것으로 보이는 상황에서 몇 달간 억류됐다. 납치범들은 그녀에게 공생군의 무정부주의 주장을 지지하는 성명을 발표하도록 강요했다. 또한 오랜 억류 뒤에 납치범들의 은행 강도에 가담하도록 강요받았다. 패트리샤에 관한 기사들은 공생군의 이데올로기에 공감한다는 그녀의 성명을 반복적으로 언급했다. 심지어는 납치되기 전 패트리샤가 공생군을 지지하는 행동을 했다는 증거까지 찾아 나선 경우도 있다.

존스와 해리스 연구에서 제약을 따라야 하는 에세이 작성자 경우처럼 패트리샤 허스트는 납치범들에게 긍정적 감정을 갖지 않았으며, 단지 극단적 상황에서 살아남기 위해 그렇게 행동한 것으로 보는 것이 매우 타당하다. 그러나 패트리샤가 처한 분명한 환경적 제약은 간과하고, 대신 그녀의 행동을 쉽게 변하지 않는 내면적 기질로 설명하려 했다. 실제로 독자들도 기질에서 원인을 찾는 설명을 더 선호하는 모습을 보였다. 기질 분석이 상황 분석보다 더 설득력 있고 상황을 이해하는 데 도움이 된다고 봤기 때문이다.

기질 탓으로 돌리는 다른 사례들로는 유명 정치인들, 특히 사회의 기대에 찬물을 끼얹는 행동과 엮이게 된 유명 정치인들의 성격을 치밀하게 분석한 기사들이 있다.

닉슨 전 대통령이 워터게이트 침입 사건에 연루되고 이후 은폐 기도를 한 것은 공화당과 보좌관들, 심지어 일반 지지자들로부터 받아야 했던 극도의 정치적 압박 때문이라고 보는 것이 타당하고 정확한 분석이다. 적어도 일정 부분 그렇다. 그러나 이 사건에 대한 그 같은 상황 분석은 많지 않다. 그보다는 편집증, 정치적 야심, 심리적 불안을 부각하는 기질 분석이 월등히 많다.

마찬가지로, 도너휴와 올리엔, 티치너(1987)는 콘트라게이트Contra-gate가 터진 뒤 뉴스 매체들이 이면의 권력 구조가 아니라, 개인들 역할에 더 관심을 쏟는 양상을 지적했다. 다시 말해, 뉴스 매체들은 구조적 요인들이 아니라 로널드 레이건 당시 대통령의 지적 능력과 통치 스타일, 그리고 부하들의 행동에 보도의 초점을 맞췄다. 당시 이 사건을 조사한 타워위원회Tower Commission가 대통령의 리더십 외에도 주요 조사 대상으로 국가안전보장회의National Security Council를 집중적으로 조사했지만, 언론은 이런 행태를 계속한 것으로 보인다.[21]

또한 1987년 대통령 선거에 출마했던 게리 하트의 혼외 관계는 언제나 "자기 파괴적 동기" 탓으로 돌려졌다. 대선 캠페인의 압박이나 순탄치 않았던 결혼 생활과 같은 원인은 무시됐다.

기본적 귀인 오류는 공과公課 평가에서도 나타날 수 있다. 정책과 무관한 경제 호전을 대통령의 공으로 돌리거나, 시장市長의 소관이 아닌 범죄 감소를 시장의 공으로 돌리는 경우가 그것이다.

안타깝게도 행동의 원인을 개인의 기질에서 찾으려는 편향 때문에 기자들은 복합적이고 눈에 보이진 않지만 행동이 일어난 상황이 가진 훨씬 본질적인 특징을 놓칠 수 있다. 이는 다면적인 사회 환경에 대한 독자들의 이해를 심각하게 제한할 수 있다.

나. 재구성과 사후 확신 편향Reconstruction and Hindsight Biases

기사를 작성할 때 기자들은 메모와 녹음테이프 등 사건 현장에서 취재한 기록을 토대로 한다. 기억 속에서 인출하는 정보—마음속의 영상, 이미지, 기억 속의 이야기 등—도 여기에 포함된다. 기사를 작성하기 위해서는 이 같은 기억을 되살려 재구성해야 한다.

과거 사건을 다시 불러올 때, 기자들은 기억 정보가 그 사건을 정확하게 묘사하고 있다고 (심지어 완전한 사본이라고) 여길 수 있다. 기억에 저장된 사건에 관한 정보들이 이미 편향된 해석이나 과대평가로 만들어진 것이라고 해도 마찬가지다(Wyer, Srull, Gordon, & Hartwick, 1982 ; Wyer & Gordon, 1982).

우리가 학생 시위 현장에서 무슨 이유인지 모르지만 흑인 학생과 경찰이 충돌하는 걸 목격하고 있다고 생각해 보자. 우리는 그 같은 행동을 난폭한 것으로 받아들이고, 그 난폭성을 흑인 학생 탓이라고 생각한다. 그러나 나중에 그 사건을 생각해 낼 때, 이런 해석은 말 그대로 기억에 불과해 가치 있게 평가되지 않는다. 마찬가지로 기자가 기억 속에서 인출한 '사실들'은 실제 일어난 사건을 정교하게 재구성한 버전일 수 있다.

'편향적 재구성biased reconstruction'으로 지칭되는 이 편향은 기억의 부호화와 별개로 작동할 수 있다. 실제로 편향적 재구성은 사건에 대한 새로운 정보나 가설의 영향으로 기억 정보를 재해석하는 과정과 관련이 있다. 스나이더와 우라노비츠(Snyder & Uranowitz, 1978)는 이 편향을 입증한 초기 연구에서 피실험자들에게 한 젊은 여성의 삶을 연대순으로 기록한 것을 읽게 했다. 그리고 나중에 피실험자들에게 이 여성이 동성애자 혹은 이성애자라는 추가 정보를 제공했다. 그러자 추가로 제공된 이 새로운 정보가 피실험자들이 그 여성의 삶에 관한 기록을 다시 기억해 내는 데 강력한 영향을 미쳤다.

즉, 그 여성이 동성애자라는 추가 정보를 얻은 피실험자들은 여성의 삶에 대한 기억을 재구성하면서 그 여성의 아버지가 폭력적이고, 여성이 남자친구와 오래 사귀거나 데이트를 한 적이 없고, 외모도 매력적이지 않다고 기억했다. 동일한 삶을 산 여성이지만 이성애자라는 정보는 얻은 경우, 여성이 차분한 어린 시절을 지냈고, 자주 데이트를 했으며, 오랫동안 만나는 남자친구가 있었고, 매력적인 외모를 가진 것으로 기억했다. 나중에 알게 된 라이프스타일 정보—그리고 그 정보로부터 이끌어 낸 가설과 경험들—는 앞서 알고 있던 사실 정보factual information에 영향을 미쳐서 고정 관념을 확증시키고 고착화했다.

레즈비언 이슈를 다룬 후속 연구들은 동일한 결과를 재현하지 못했지만(Belleza & Bower, 1981 ; Clark & Woll, 1981),[22] 다른 연구자들은(Loftus & Palmer, 1973 ; Croxton, Eddy, & Morrow, 1984) 다양한 추가 분야에서 유사한 결과

를 내놓았다.

로스 등(1981)은 양치질과 샤워와 같이 우리 모두가 하는 건강과 관련된 행동들에 대한 견해를 임의로 제시했다. 그리고 나중에 다른 상황에서 피실험자들에게 지난 2주간 양치질과 샤워를 얼마나 자주 했는지 물었다. 예상대로 양치질과 샤워가 좋지 않다는 얘기를 들은 피실험자들은 건강에 좋다는 얘기를 들은 피실험자들보다 양치질과 샤워를 덜 한 것으로 "기억했다." 즉, 지난 2주간 양치질이 치아 에나멜을 닳게 하고 잇몸을 상하게 하며 감염과 치아 상실로 이어진다는 전문가의 부정적 견해를 들은 피실험자들의 경우 양치질의 긍정적 효과에 대해 들은 피실험자들에 비해 지난 양치질 횟수가 적었다.

마이어스는 실험실이 아니라 실제 상황에서 나타나는 기억 재구성 편향을 생생하게 보여주는 사례를 제시했다(1987, 124~125쪽). 1970년대 중반에 이뤄진 조사에서 무려 70퍼센트의 미국인들은 존 F. 케네디 대통령 암살이 일어난 직후 TV를 통해 암살 장면 영상을 본 것으로 기억했다. 그러나 실제로 그것은 불가능했다. 왜냐하면 1976년이 돼서야 TV가 암살 장면을 처음 방영했기 때문이다. 이 같은 사실을 모르는 사람들은 자신들의 기억을 재구성한 것으로 보인다.

재구성 편향과 연관된 것이 사후 확증 편향이다. 사후 확증 편향은 과거 사건이나 결과를 회고할 때 과거 자신의 예견 능력을 크게 과장해서 말하는 경향을 말한다. 실제로 많은 경우 그 사건이 일어날 수밖에 없었다는 걸 예견했다고 말한다. 사람들은 자신들의 예견 능력을 과대평가할 뿐 아니라 다른 사람들의 예견 능력도 과대평가하는 경향이 있다.

리어리(Leary, 1982)는 1980년 대통령 선거에서 로널드 레이건이 지미 카터에 압승을 거둔 뒤 나타난 사후 확증 편향을 잘 보여주고 있다. 레이건 승리 전날, 리어리는 사람들에게 대선 전망을 물었다. 일반적으로 사람들은 레이건이 근소한 차이로 이길 것이라고 답했다. 그러나 선거 다음날 리어리는 다른 사람들에게 선거 전에 누가 이길 것으로 예측했냐고 물었다. 대부분의 응답자들은 레이건의 압승을 예측했다고 답했다.

사후 확증 편향은 저널리즘에서도 다양한 형태로 나타날 수 있을 것이다. 어떤 사건의 결과에 관해 사후에 "예측 가능했다"고 주장하는 기자의 평가도 사후 확증 편향에서 자유롭지 못하다. 마이어스(Myers, 1987)가 레이건의 압승과 관련해 지적했듯이, 당시 논평가들은—선거 운동 종료 며칠 전까지 초박빙이었다는 걸 잊고—사후 회고에서 "레이건의 압승은 이변이 아니라 당연한 결과"라고 했다 (Myers, 1987, 21쪽).

사후 확증 편향은 또한 어떤 행동과 결정의 타당성에 관한 기자들의 사후 분석에서도 나타날 수 있다. 이란 미 대사관 인질 구출 작전 실패가 1980년 대선에서 카터 대통령 패배의 주요 원인이라는 것이 일반적 시각이다. 인질 구출 작전을 시작 당시 그 작전은 상당히 성공 가능성이 있는 것으로 보였지만, 실패한 뒤 이란 인질 구출 작전은 처음부터 성공 가능성이 없었던 것으로 평가됐다.

마찬가지로 대통령 선거에 공화당 후보로 출마한 조지 부시Geroge Bush가 댄 퀘일Dan Quayle을 부통령 후보로 지명한 것은 처음에는 타당한 선택으로 보였을 수도 있다. 그러나 사후 평가에서 정치권과 여론의 부정적 반응이 잇따르고 퀘일이 TV 토론에서 민주당 부통령 후보 로이드 벤슨을 상대로 고전하는가 하면, 여론과의 관계도 좋지 않자 많은 관측자들에게 퀘일 지명은 누가 봐도 멍청한 결정으로 보이기 시작했다.

기자들이 구체적 결과를 만들어 낸 일련의 행동과 결

정의 타당성을 평가할 때 이미 초래된 결과를 무시하기는 매우 어려울 것이다. 따라서 우리는 기자들이 실패로 끝난 행동이나 결정에 대해선 극히 비판적인 평가를 하고(그 같은 결과가 예측 가능했고 불가피한 것이었으니까), 반면 성공으로 끝난 결정이나 행동에 대해선 극히 후한 평가를 할 것으로 예상할 수 있다.

다. 탐색의 종결

기자들은 사건을 탐색할 때 암묵적이든 명시적이든 여러 결정을 내린다—누구를 인터뷰할지, 어떤 질문을 할지, 어떤 단서를 추적할지 등등.

이에 못지않게 중요한 것이 취재 종료 시점을 결정하는 것이다. 기자들은 어느 시점에 정보 수집을 시작할 것인지, 또한 어느 시점에 사건 보도에 필요한 정보들을 충분히 확보했다는 판단을 내려야 할지 결정해야 한다.

크루글란스키는 일련의 논문(Kruglanski & Freund, 1982 ; Kruglanski)에서 취재 시작과 종료 시점에 관한 결정은 때때로 상충하는 두 요건needs에 달려 있다고 지적했다. 즉, 주어진 시간 안에서 결정이나 평가를 하면서, 동시에 오류나 실수를 피해야 하는 서로 충돌하는 두 요건에 따라 달라질 수 있다는 것이다.

크루글란스키는 개인들이 시간적 압박을 받으면 그렇지 않은 경우보다 더 빨리 정보 수집과 평가 과정을 "중단"한다고 말한다. 그러나 실수나 오류를 더 두려워하는 상황이라면 반대로 정보 수집을 "중단"할 가능성이 낮아진다.

즉, 정확성을 선호한다면 정보 수집에 더 많은 시간을 할애하고, 정보의 검토와 평가에 공을 들이게 된다. 기자들은 칼같은 시간 제약과 한편으로 정확한 보도를 해야 한다는 무거운 압박 사이에 낀 쉽지 않은 상황에서 작업을 수행한다.

크루글란스키의 경험적 연구는 서로 충돌하지만 어느 한쪽도 외면할 수 없는 정보 수집과 결론 도출에 대한 통찰을 제공해 준다.

첫째, 크루글란스키가 예측하듯 개인들이 정확성을 중시한다면 최종 결론 도출 전에 더 많은 정보를 검토할 것이다. 정확성을 중시하면 정보 수집 과정은 길어지고, 결론 도출은 더 신중하게 이뤄진다. 반면 시간적 압박에 직면하면 정보 수집 의지가 크게 약해진다. 그러면서 정보 수집을 더 일찍 중단하고, 대신 한정되고 충분하지 않은 정보 풀에 의존할 수밖에 없다.

게다가 시간적 압박이 있을 경우 정확성을 잃지 않아야 함에도 정보 처리 편향이 극도로 높아진다. 이 경우 첫 가설을 확증하려는 경향이 높아진다. 또한 가설과 불일치하는 정보가 분명히 있는데도 가설과 일치하는 정보만 주목할 가능성이 커진다. 또한 정보를 평가하고 해석할 때, 타당성을 가진 다른 가설들을 검토할 가능성은 낮아진다.

이처럼 시간 압박은 정확성 추구 동기를 약화시키면서 정보 수집을 제한시키고, 한편으로 정보 수집과 평가 단계에서 많은 편향을 초래할 수 있다.

크루글란스키의 연구 자료들은 특히 기자들이 충분히 많은 시간을 갖고 정보를 수집하고 기사를 작성하는 여유를 누릴 수 없는 보도 과정에 잘 적용된다. 파르시잔은 48명의 중서부 지역 기자들과 전화 인터뷰를 실시한 결과 취재를 중단하는 가장 빈번한 이유는 마감 시간의 압박이라는 걸 알아냈다.[23] 마감 압박 때문에 공정하고 정확한 보도를 추구하는 훌륭한 취지는 결론을 내리고 기사를 출고해야 한다는 조급한 결정 때문에 퇴색해 버린다.

CHAPTER 08

편향과 오류의 상호작용, 그리고 끈질긴 지속성

이와 같은 연구 결과가 함의하는 바를 고려하기에 앞서 강조되어야 할 점은 본 장에서 기술된 수많은 인지적 편향과 오류의 다양성, 그리고 빈번한 상호의존성이다.

지금까지의 논의에 비춰보면 인지 과정은 단순하거나 선형적인 방식으로 흐르지 않는다는 점은 분명하다. 그리고 어떤 뉴스 사건이 보도될 때 기자가 새로운 정보를 추가하고 새로운 사건을 밝혀내며 새로운 하위업무를 수행함에 따라 다수의 정보처리주기를 통한 여러 과정을 거칠 것이라는 점을 예상할 수 있다.

우리가 지금까지 살펴본 바와 같이 범주화는 생성되는 이론들에 분명히 영향을 미치며 기존 이론들은 문제 제기와 정보 선별에 영향을 미치고 계속해서 검색되고 소환해내는 정보의 종류에 영향을 미친다. 이와 유사하게 기자가 정보를 통합하는 방식은 사건이 발생하는 때에 부호화되며, 기사를 작성할 때에 검색되고 재구성되는 정보에 의해 영향을 받는다.

이후에 알게 된 정보로 인해서 새로운 범주화와 이론이 생겨나고, 이미 입수되어 저장된 정보의 성격에 엄청난 영향을 미칠 뿐만 아니라 심지어 편향적으로 만들 수도 있다. 초기 정보가 부호화될 때 초기 가설이 존재하지 않거나, 이후에 얻은 정보가 너무나 극적이거나 극단적이어서 이전의 정보가 초기 범주화에 적합하지 않게 될 때 가장 빈번하게 이러한 범주화와 이론에서의 후속 수정이 이루어지곤 한다. 지금까지 연구된 대부분의 사례에서는 그러한 초기 구성을 지속하려는 아주 강한 경향성이 존재했다. 그리하여 대부분 편향성은 처음의 견해를 유지하고 정교화하려는 목적에서 작동되어 특정 사건의 "사실"을 보도할 때 초기 견해를 매우 중요하게 여기게 만든다(Ross, 1977 ; Ross, Lepper, & Hubbard, 1975).

CHAPTER 09

뉴스 생산 연구에 던지는 함의

우리가 논의한 특정의 인지 편향과 오류가 실제 뉴스룸에서 얼마나 나타나는가?

우리가 사용한 예들과 우리가 한 추측들이 직관적으로는 흥미롭지만, 대답은 전혀 명료하지 않다. 어떤 면에서 저널리스트는 인간이며 인지 편향과 오류가 인간의 인지 시스템에 내재한 만큼 우리는 저널리스트가 그러한 편향을 드러내리라고 예상할 수 있다. 한편 일상생활의 수많은 복잡성이 제기된 심리학자의 실험실은 환경적 제약조건들과 밀접하게 연결되어 있다. 실제로 일부 인지적 편향과 오류는 환경에서의 변화 기능으로 다양하게 나타나고 있으며, 복제에 실패한 환경이 이를 너무나 잘 보여주고 있다. 따라서 우리는 인지적 편향과 오류가 직업 환경 전역에 걸쳐서 나타남을 예상할 수 있다(Sims, Gioia, & Associates, 1986 ; Rogoff & Lave, 1984 참조). 그러나 적어도 이러한 일부 편향과 오류는 사람들이 작업하는 특정 직업적 · 조직적 조건의 기능으로 각기 다르게 나타난다는 것을 예상할 수도 있다.

저널리즘에서 일부 직업적·조직적 제약들은 일반적인 인지 편향을 더욱 강화시킬 것으로 예상되는 상황이 있지만, 또 다른 제약들은 그러한 편향을 최소화할 것으로 예상되기도 한다. 예를 들면 저널리스트는 우리가 목격했듯이 여기서 기술한 일부 인지 편향들을 강화시킬 수 있는 심각한 시간 압박 등의 비정상적인 제약 상황에서 뉴스를 생산한다. 또한 균형과 공정함과 연관된 직무 규범을 따른다(Boyer, 1981). 어떤 경우에는 그러한 규범이 우리가 기술한 일부 인지 편향을 완화시킬 수 있다.

분명한 점은 저널리즘에서의 인지 편향과 오류에 관한 연구가 이루어져야 한다는 것이다. 먼저 저널리스트가 뉴스가 되는 정보를 실제로 어떻게 처리하고 편향되게 하는지를 단순히 기술하는 연구가 필요하다. 이와 더불어 저널리스트의 인지 처리 과정을 환경적 제약과 더 밀접하게 연관짓는 연구가 필요하다. 즉, 조직의 제약 상황, 뉴스 취재원, 지역사회의 구조, 문화, 전문 직업 기자로서 갖춰야 할 규범과 같은 저널리스트의 정보 처리 과정에 미치는 구체적인 효과를 탐구하는 연구가 필요하다. 마지막으로 여기서 설명한 인지 편향성을 저널리스트가 갖고 있음이 드러나고 그러한 편향성이 "오류"가 있는 판단을 초래하는 만큼 그것이 변화될 수 있는지를 판단하는 것이 필요하다.

가. 저널리스트의 정보 처리 방식에 관한 연구

앞서 말한 가정들과 선별된 연구에 대한 고찰을 통해 여러 구체적인 연구 문제들이 생성될 수 있다. 저널리스트는 어떻게 정보를 처리하는가에 관한 질문들은 (분명 제한적이지는 않지만) 다음을 포함한다.

(1) 저널리스트의 범주화

저널리스트는 어떻게 사람과 사건들, 그리고 현상들을 범주화한 뒤에 명명하는가? 특히 속보 기사의 경우에 흔하게 정보가 누락되는 경우가 발생하는데, 이때 저널리스트는 1960년대 후반 페미니스트 운동을 취재할 당시 린지 밴겔더가 했을 거라고 우리가 추측할 때처럼, 저널리스트는 자신들의 범주화 체계에 들어맞는 추론을 하거나 "빈 곳을 채워 넣는가?" 기자가 기사 주제를 뉴스 기사에 함축적으로 나타낼 것인지, 또한 사설에서는 명료하게 할 것인지를 결정하는 데 범주 기반 구성category-based constructions이 어느 정도 수준으로 영향을 미치는가?

(2) 저널리스트의 이론

이와 관련하여 저널리스트는 자신들이 범주화한 사람들과 사건들에 관해 어떻게 이론화하는가? 기사를 발전시키는 과정에서 저널리스트는 사람과 사건들에 대한 가설을 상정한다고 우리는 가정한다. 이는 합리적인 가정이다. 그러나 어떤 사람들은 동의하지 않을 수 있다는 점을 지적할 필요가 있다. 예컨대 커티스 맥도걸Curtis MacDougall은 자신의 고전적 저서 『해석적 보도Interpretative Reporting』에서 다음과 같이 주장했다. "만일 진실을 추구하는 기자가 올바르게 취재하고 있다면, 그에게는 추구할 예정된 종결도 없고, 입증해야 할 가설도 없으며, 단지 확정되어야 할 진실만 있을 뿐이다"(MacDougall, 1982, 12쪽). 설사 순진무구하거나 완전히 이데올로기적인 견해를 취할 경우에도 저널리스트가 보도에 앞서서 사람과 사건들에 관해 가설을 세우는가에 대해 질문하는 것은 적절하다. 인지심리학자들은 특히 직업이 다른 집단에서 자주 행해지고 있는 가설 검증에 대해 알아볼 필요가 있음을 지적해 왔다(Snyder & Gangestad, 1981). 이러한 문제를 다루는 연구는 그러한 필요를 충족시키도록 해야 한다.

이러한 문제들을 밝히려는 탐색적 노력의 일환으로 스토킹과 라마르카(Stocking & LaMarca, 1989)는 중간 규모의 도시 일간지 기자들에게 보도에 앞서 비속보 뉴스와 특집 기사에 관해 간략하게 기술하도록 했다.

그들의 연구 결과는 저널리스트가 자신들이 취재하고자 하는 사람들, 조직, 사건들, 현상들에 관한 가설을 세운다는 우리의 가정을 뒷받침해 준다. 특히 기자들이 제공한 기사에 관한 기술 중에서 81%가 기사의 주제에 관해 잠정적으로 갖는 믿음으로서의 가설을[24] 포함하고 있었으며, 이 연구에 참여한 모든 저널리스트가 적어도 한 개의 기술에서 그러한 가설들을 가정하고 있었다.[25]

흥미롭게도 저널리스트의 기사에 관한 기술은 가설뿐 아니라 기사 주제에 관한 조건 없는 믿음으로 정의되는 가정들도 포함하고 있었다.[26] 더 정확하게 말하면 기사에 관한 거의 모든 기술이 기자가 취재하고자 한 사람들, 조직, 사건들, 현상들에 관한 가정들을 담고 있었다. 예를 들어 대학 코치에 관한 뉴스 기사에 관한 설명에서 한 기자는 해당 코치가 "활동 중인 주州 바깥에서는 무례하고 못생긴 미국 사람으로 여겨지며 혐오의 대상"이라는 자신의 믿음을 기술하였다. 그리고 컴퓨터의 교육적 활용에 관한 기사에서 한 기자는 "어느 누구도 교실에서의 컴퓨터 활용에 의문을 제기하지 않는다"라고 단언하였다.

대부분의 경우에 가정들은 마치 보증을 받은 것처럼 보였다. 즉, 가정들은 "견고하거나" 보편적 합의를 이룬 듯이 보이는 지식(예를 들어 대학의 신임 총장은 유대인이다)에 근거하는 것 같았다. 그러나 어떤 경우에는 가정이 더 제한적인 정보 또는 반대 의견이 예상되는 것에 관한 판단에 기반하고 있는 것으로 보였다. 예를 들어 기자가 "견고하게" 믿고 있는 가정, 즉 대학 코치가 무례하고 못생긴 미국 사람으로 보여 혐오의 대상이 되고 있다는 가정은 기자와 기자의 1차 취재원의 세계관을 공유하지 않는 외부자에 의해 문제 제기되고 "허점이 많은" 것으로 여겨질 수 있다.

(적어도 어떤 상황에서) 저널리스트가 이론을 세운다고 가정한다면, 그들은 사람과 사건들의 어떤 측면에 대해 이론을 제시하는가? 스토킹과 라마르카(1989)는 자신들이 수집한 데이터를 이와 연관지어 분석하지는 않았다. 그러

나 반 다이크(van Dijk, 1983)는 일상적인 뉴스 내용을 분석한 연구에서 저널리스트는 사건의 원인과 결과에 관한 정보를 규칙적으로 포함한다는 사실을 발견했으며, 이를 통해 우리는 저널리스트가 보도에 앞서 사건의 원인과 결과에 관한 가설을 세운다고 추론할 수 있다. 이와 같은 맥락에서 위너(Wiener, 1985)는 인과적 사고의 증거로 스포츠와 정치 뉴스 기사에 관한 내용 분석 결과를 보고했다. 그러한 연구들은 특히 예상치 못한 결과를 보도할 때(Lau & Russell, 1980), 그리고 성공과 반대되는 실패를 보도할 때(Lau, 1984 ; Foersterling & Groenvald, 1983) 저널리스트의 관점에서 설명하려는 끈질긴 시도들을 보여준다.

저널리스트는 행동과 사건의 원인과 결과에 관한 가설뿐만 아니라 사람들의 특성에 관한 가설도 세우는 것 같다. 정치학자 도리스 그래버(Doris Graber, 1988)는 대선이 있던 해 시카고 트리뷴Chicago Tribune지를 분석한 결과, 대통령 후보의 개인적 속성에 대한 엄청난 관심이 발견되었다. 특히 대통령 후보자에 대한 새로운 설명은 평화를 수호할 능력과 국내외의 일들을 관리할 능력과 같은 대통령직과 관련된 특성보다는 신뢰성, 강인한 성격, 연민과 같은 후보자의 개인적 특성에 더 많은 관심을 보였다. 따라서 적어도 대통령선거 캠페인 기간에 기자는 대통령 후보자의 전문적 역량보다는 후보자의 인간적 속성에 관해 가설을 세우는 데 더 많은 시간을 할애한다고 추론할 수 있다.

에테마와 글래서(Ettema & Glasser, 1985)는 탐사보도 기자와 수많은 인터뷰를 실시한 연구를 통해 기자가 자신들이 취재 중인 사람들이나 기관들의 책임과 관련된 명확한 가설을 어떻게 발전시키고 추구하는지를 밝혀냈다.

이러한 연구들과 월스트리트 저널Wall Street Journal의 사내 가이드라인 등에서 발견되는 일화적인 증거들에서 분명한 점은(Blundell, 1986) 저널리스트는 뉴스 기사를 취재할 때 수많은 것들에 대한 이론을 세울 수 있다는 것이다. 그러나 그것들은 무엇인가? 이러한 문제에 대해 수많은 연구자가 답할 수 있었지만 그다지 생각해 보지 않은 것 같다.

연구자들은 저널리스트가 가정한 내용에 대해 더 많이 생각했던 것 같다. 갠즈(Gans, 1980)는 미디어 콘텐츠를 분석해 미국의 저널리스트들이 개인 중심주의, 책임을 다하는 자본주의, 이타적 민주주의, 민족 중심주의와 같은 가치들을 공유한다는 사실을 추론하였다. 이 책에서 제시된 인지적 관점에서 보면 그러한 가치들은 한 집단으로서의 저널리스트들이 공유하는 문화에 관한 일반적인 평가적 가정들이라고 할 수 있다. 특히 "비판적" 미디어 분석 연구자들, 예를 들면 할린(Hallin, 1989)은 저널리스트가 그들의 취재원과 함께 사회적·정치적 정상성의 경계범주에 관한 가정들을 공유한다고 주장하였다.

지금까지 공유된 저널리즘적 가정들에 관한 수많은 논의는 전통적인 정치·경제 영역에 있는 사람들에 초점을 맞춰 왔다. (예를 들어 스포츠, 문화, 과학과 같은) 삶의 다른 영역에서 공유되는 가정들에 관해서는 거의 알려진 바가 없다. 넬킨(Nelkin, 1987)은 과학과 기술에 관한 미디어 보도로부터 미국 저널리스트들이 이러한 영역에 관한 가정들을 공유하고 있음을 추론하였다. 그녀의 주장에 따르면 저널리스트는 과학자를 권한을 가진 중립적 취재원으로 보는 경향이 있다. 저널리스트는 과학자를 나머지 우리와는 동떨어진 월등한 존재로 보며, 순수하고 감정에 좌우되지 않는 직업으로서 이상화한다.

만일 넬킨의 주장이 맞다면, 미국의 저널리스트들은 과학자, 과학, 기술에 대해 근본적으로 편견에 기반한 가정들을 공유하고 있다고 할 수 있다. 넬킨의 연구는 도발적이다. 그러나 보다 더 전통적으로 정치적인 영역에서의 갠

즈의 연구, 그리고 수많은 비판 학자들의 연구처럼 넬킨의 연구도 매우 인상적이며 미디어 콘텐츠의 제한된 표본을 토대로 하고 있다. 우리는 과학과 기술, 그리고 광범위한 다른 주제들에 관해 저널리스트들이 공유하는 가정들에 대해 알아내야 할 것들이 여전히 많이 남아 있다.

이러한 다양한 영역에서 저널리스트들이 갖는 특유의 가정들에 대해 우리는 많은 것을 알지 못한다. 기사 주제에 대한 저널리스트의 일반적인 신념을 평가하는 서베이가 상당히 합의된 사항들을 보여주지만(Olien et al., 1989), 적어도 일부 변수들의 경우에는 개인별 특성에 따라 다르게 나타날 수 있음을 보여준다. 저널리즘 분야의 인지 처리 과정 연구에서 무엇이 특이한가를 결정하는 것은 무엇이 그렇지 않은가를 결정하는 것만큼 흥미로울 수 있다.

더군다나 공유하든 아니든 관계없이 그러한 일반적인 가정들이 보도에 앞서 개별 기사에 대한 저널리스트의 생각을 어떻게 구성하는지, 즉 이러한 매우 일반적인 신념들이 기사 주제에 관한 특정 가설과 가정들 속에서 어떻게 작동하는지는 명확하지 않다. 저널리스트가 갖는 일반적인 가정들을 그들의 기사 아이디어에 포함된 보다 구체적인 가설과 가정들에 연관시키는 연구들은 이러한 문제를 일부 해결하는 데 도움이 될 수 있다.

(3) 가설과 가정이 뉴스 취재에 미치는 효과

만일 그렇다면 가설과 가정이 어떻게 뉴스 취재 과정의 지침이 되는가? 우리가 추측한 바와 같이 가설이 취재원의 선별, 던져야 할 질문의 유형, 데이터의 평가에서 실제로 그 지침을 제공해 주는가? 저널리스트는 자신의 가설을 확증시켜 주는 방식으로, 다시 말해 뉴스 취재 과정의 단계마다 찾는 증거와 이미 발견된 증거 사이에 강한 정적 관계가 성립되는 방식으로 정보를 추구하고 처리하는가?

그리고 가정이 뉴스 취재에 미치는 효과는 무엇인가? 스토킹과 라마르카(Stocking & LaMarca, 1989)가 지적한 바와 같이 가정은 당연히 의문시되지 않는다. 만일 저널리스트가 어떤 것에 의문을 품지 않는다면, 그것은 검증되지 않기가 쉽다. 만일 어떤 것이 검증되지 않을 경우, 그것은 뒤이은 보도행위에 큰 영향을 미칠 수 있다. 심리학자들이 가설과 가정의 상대적인 효과를 분석하지는 않았지만,[27] 정보 수집을 하는 데 있어서 가정이 가설보다 훨씬 더 큰 영향을 미칠 것이라고 예상하는 것이 합리적이다.

어떤 경우에 가정은 기사에 대한 정의와 뒤이은 보도 행위 모두에 영향을 미칠 수 있다. 따라서 어떤 운동 코치가 전국적으로 혐오의 대상이 되고 있다고 가정하는 기자는 해당 코치가 어떻게 학교에 부정적인 국가 이미지를 주는지에 대한 기사를 쓰고 그러한 기본적인 질문에 답할 취재원을 찾아내 그러한 질문을 던지려고 애쓸 것이다. 이와는 반대로 해당 코치가 전국적으로 미움을 받고 있는지 여부를 의문시하는 기자라면, 그 코치가 학교에 부정적인 국가 이미지를 주고 있는지 아닌지에 관한 기사를 작성할 것이다. 이를 위해 좀 더 개방형의 질문들에 대해 답을 줄 수 있는 취재원을 여러 방면에서 구하고 다양한 질문들을 던질 것이다.

취재 과정에서 기사를 재규정하거나 가정에 의문을 품을 수 없다고 말하는 것이 아니다. 실제로 우리 연구에서 기자가 처음에는 코치에게 덧씌워진 부정적 이미지의 효과를 찾아내려고 했지만, 결국 자신의 가정을 정면으로 반박하는 증거를 담은 기사를 쓰고 말았다.[28]

파르시잔은 맨 처음의 가설과 가정의 효과와 관련될 수 있는 일부 과거의 데이터를 갖고 있었다. 그녀는 4개 대도시 지역 신문사에 재직 중인 48명의 기자에게 기사를 발전시키기 위해 밟는 단계들을 기술해 보라고 요구했다. 그녀의 연구가 확증 전략을 시험하기 위한 것은 아니었지만 그녀의 연구 결과는 기자가 자신들이 애초에 갖고 있던 생각을 확증시켜 주는 정보를 추구하고 선택한다는 우리의 가정을 공식적으로 확인시켜 주었다.

구체적으로 살펴보면, 저널리스트는 그들의 뉴스 취재(그들이 수집한 정보)가 자신들의 기대를 충족시켰는지, 즉 그들의 초기 초점이나 접근법을 확증시켜 줬는가를 질문받았다.[29] 41명의 저널리스트가 그렇다라고 응답했고 7명은 아니오라고 답했다. 7명 중의 1명은 수집한 데이터가 기대했던 것보다 취재 결과에 훨씬 더 큰 중요성을 부여했다고 응답했으며, 나머지 6명은 수집한 데이터가 자신들의 예상을 부정했다고 답했다. 7명의 저널리스트가 자신들의 뉴스 수집 노력의 성과가 자신들의 기대를 충족시키지 못했지만, 그럼에도 5명의 저널리스트는 어떤 식으로든 자신들의 기대를 반영하는 머리기사를 썼다고 답했다.

이러한 데이터는 저널리스트가 뉴스 취재 과정에서 초기에 자신들이 가졌던 생각들을 거의 부인하지 않고 있음을 시사하는 것으로 보인다. 그러나 일련의 다른 질문들에서는 48명의 저널리스트 중에서 21명은 수집된 데이터의 강점에 대해 그들이 처음에 가졌던 방향이나 (인터뷰 가이드 용어로는 "접근법")을 수정했다고 보고했다.

파르시쟌은 응답자들과의 개별적인 서신 교환을 통해 이러한 모순점들을 명료하게 정리했다. 자신들의 접근법을 수정했다고 답한 21명의 저널리스트 중에서 일부는 취재 초기에 수정했다. 이와 같은 수정은 취재 과정의 초반부에 (적어도 후반부가 아닌 단계에서) 이뤄졌기 때문에 이들 기자는 자신들이 수정한 것을 "애초에 잡았던" 방향의 일부로 간주했다. 따라서 자신들의 뉴스 취재가 초기 방향을 확증시켜 줬는가를 묻는 질문에 그렇다라고 대답했다. 이와는 대조적으로 취재를 마무리하는 단계에서 자신들의 접근 방법을 수정한 기자들은 자신들이 마무리한 기사가 처음에 생각했던 것이 아니었음을 더 쉽게 인정할 수 있었다. 그래서 앞서 언급한 질문에 대해 자신들의 뉴스 취재 결과가 처음 기대에 미치지 못했다고 보고했다.[30]

이러한 질문들에 대한 답변들을 모두 종합해 보면, 이 연구에서 41명의 저널리스트는 결과가 자신들이 초반에 잡았던 취재 방향을 확증시켜 주었다고 보고했으며, 21명의 저널리스트는 보도 과정에서 수정을 거쳤다고 보고했다. 이들 중 대다수가 탐사 취재의 초반이나 중반에 수정했다고 답했지만, 소수는 거의 취재가 마무리될 때쯤 수정했다고 답했다.

파르시잔의 연구가 이러한 문제들을 조명해 주는 유일한 작업은 아니다. 에테마와 글래서(1985, 193쪽)의 분석 작업은 비록 현재의 인지적 관점에서 이루어지지는 않았지만 역시 관련성이 있다. 심층 인터뷰를 활용해 어떤 탐사 기자의 보도 방법을 기술하고 있다. 탐사 초기에 기자는 통상적으로 "실존하고" "암시적인 기사의 진실을 입증할 만한 추가 증거를 충분히 수집할 수 있도록" 계획이 발전될 수 있음을 보여줄 증거를 수집하는 데 시간을 보낸다는 것을 발견했다. 기사에 대한 "취재 계획의 정당성을 설피히기니" 취재를 계속해야 힘을 정당화하고자 할 때 실제로 기자는 초기 기사 단서를 확증할 것 같은 증거를 적극적으로 찾아 나선다.

에테마와 글래서에 따르면, 기자는 일단 취재를 시작하면 처음에 가졌던 가설이나 취재 방향을 부정하는 증거를 무시하지 않는다. 기자는 "정직하게 그러한 증거가 있는지 찾아야 하며", 그런 증거를 찾으면 그것에 무게를 둔다고 저자들은 말한다. 만일, "이렇게 신중히 고려해 평가하는 과정에서 결정적으로 관계없음을 증명하는 증거 쪽으로 기울거나 만일 수많은 노력을 기울인 후에도 연관성을 입증할 수 없다면, 그 탐사 취재는 폐기된다. 그러나 만일 평가가 결정적으로 연관성을 증명하는 증거 쪽으로 기운다면 탐사 취재는 마침내 기사가 된다."(196쪽)

마지막으로 기자가 기사를 구성하고 나면 해당 기사에 대해 "도덕 확실성 테스트moral certainty test"를 실시한다. 이때 기자는 "해당 기사를 부정할 수 있는 추가적인 해명 증거나 대안적인 설명을 만들어 내려는" 시도들을 적극적으로 하게 된다(199쪽).

확증 경향의 맥락에서 에테마와 글래서의 연구를 요약하면, 그들이 인터뷰한 탐사 기자들은 탐사 초기에는 적극적인 확증 쪽으로 기우는 경향이 있고, 취재 중에는 확증과 부인 증거 모두를 수집하고 중요도를 두는 경향이 있으며, 일단 탐사 기사가 구성되면 적극적인 부인 쪽으로 기우는 경향이 있음을 보고했다.

이러한 두 연구로부터 많은 결과를 얻는다는 것은 분명 어려운 일이다. 그 어떤 연구도 "확증 편향"에 대한 구체적인 문제를 언급하도록 설계되지는 않았다. 기자가 갖는 신념의 대상과 속성이 늘 명료한 것은 아니다. 더군다나 두 연구에서 얻어진 데이터는 회고적인데, 그러한 데이터는 모든 편향으로부터 영향을 받을 수 있으며 크기가 작고, 비무작위 표본에 근거하고 있다. 그럼에도 확증 경향은 적어도 일부 저널리스트의 기사와 취재의 일부 단계에서는 자명해 보인다. 연구자들은 확증 편향이 저널리즘에서 발생하는 상황과 그렇지 않은 상황을 구체적으로 밝혀내려고 노력할 것이다.

스토킹은 저널리스트의 신념에 관한 인터뷰와 아카이브 데이터, 그리고 저널리스트의 후속적인 정보 수집 행위에 관한 추가적인 데이터를 활용해 확증 편향에 관한 구체적인 증거를 찾아내기 시작했다(1989b). 이러한 연구로부터 얻은 예비결과는 이전 연구에서 얻은 결과들과 일치하는 것으로 보인다. 즉, 확증 편향은 어떤 기사들에서는 뚜렷이 드러나 보이지만, 또 다른 기사들에서는 그렇지 않은 것 같다. 더 흥미로운 것은 확증 편향이 드러나는 기사들에서 확증 편향이 모든 결정 단계에서 보이는 것이 아니라 일부 결정 단계에서 드러난다는 것이다.

남자와 낙태에 관한 특집기사에서 취재원의 선택 결정을 한번 생각해 보라. 문제의 기사는 몇 명의 남성들이 자신의 파트너가 낙태하는 것을 막기 위해 소송을 제기했던

1988년 여름에 쓰여졌다. 기자의 말에 따르면, 본인 스스로 낙태를 "매우 강하게" 반대하는 감정을 갖고 있었다. 그리하여 그는 자신의 기저에 깔린 강한 평가적 신념으로 인해 편향된 정보를 추구하고 선택하게 될 수 있음을 알고 있었다.

그러나 그는 자신의 믿음이 취재에 영향을 미치지 않도록 하고 싶은 강한 욕망도 갖고 있다고 말했다. 자신의 낙태 반대 입장이 실제 취재행위에 영향을 미치지 않게 하기 위해 해당 기자는 남자들이 파트너의 낙태에 관해 말하도록 요청하는 안내 광고에서 (파트너의 낙태를) 고자질하는 언어 사용을 일부러 피했다. 더 정확하게 말하면, 그 기자는 해당 광고를 읽은 사람들의 입장에서 "아버지 노릇하기fathering"와 "자녀children"라는 말을 상기시키는 언어를 사용하지 않으려고 주의를 기울였다. 남성과 낙태라는 이슈에 관한 일반적인 의견을 수집하는 과정에서도 그 기자는 해당 지역에서 낙태 반대pro-life와 낙태 합법화를 찬성하는pro-choice 양측 취재원 모두의 견해를 얻으려고 신경을 썼다. 따라서 기자가 어떤 결정 단계에서는 자신의 믿음으로부터 "자유로워지거나", 또는 취재원 선택 시 자신의 편향된 믿음이 개입하지 않도록 할 수 있었다고 말했다.

한편, 또 다른 결정 단계에서 기자는 낙태에 관해 자신이 갖고 있던 기존의 평가적 신념이 취재원을 결정하는 데 영향을 미치지 않도록 막지 못한 것 같다. 저널리스트는 자신의 원래 기사 아이디어를 기술하면서 엄청난 확실성을 갖고 남자가 자신의 짝이 낙태할 때 화가 나 있어야 한다고 가정했다. 그러나 동시에 그는 남성들이 그렇지 않을 수 있다는 구체적인 대립가설을 정교하게 설명했다. 이러한 대립적인 가설에도 불구하고 남성들에게 자신의 파트너가 낙태하는 것에 관해 의견을 내도록 요청하는 기자의 광고는 잠재 응답자의 범위를 감정이 있는(화가 난) 남성들로 분명하게 제한했다. (그 광고는 다음과 같다) "××(신문사)의 ××(기자명)는 자신의 여자친구 혹은 아내가 낙태를 한 적이 있고, 기사작성을 위해서 그 일에 대해 자신이 느낀 감정을 익명으로 말할 의향이 있는 남성들과 이야기하고 싶습니다."

이론상으로는 긍정적인 감정을 가진 남성들도 부정적인 감정을 가진 남성과 마찬가지로 이러한 광고에 응답할 수 있다. 그러나 낙태 경험에 대해 안 좋은 감정을 느꼈던 남성들이 아마도 자신의 감정에 대해 말할 필요를 더 느껴서 긍정적인 감정을 가진 남성들보다 기자의 광고에 응답할 가능성이 더 큰 것 같다. 실제로 위 광고에 응답한 네 명의 남성 중 두 명은 배우자의 낙태 결정에 대해 현재는 마음이 편안해졌다고 했지만, 네 명 모두는 낙태한 것에 관해 신경 쓰였었다고 말했다. 낙태에 대해 여전히 괴롭다는 두 명의 남성 중에 한 명은 자신이 갓난 아이를 안고 엄청난 위험으로부터 아이를 보호하려 애쓰는 악몽을 반복해서 꾸고 있다고 답했다. 여자 친구가 낙태를 한 후 12년 동안[31] 이 남성은 "저 외부의 위험이 내 아이의 생명을 빼앗아" 간 공포에 떨면서 규칙적으로 깬다고 말했다. 이 남성과 그의 악몽은 기사의 제목과 관련 삽화의 주제가 되었다.

기사가 마무리되었을 때에야 비로소 기자는 해당 광고의 편향 효과를 깨닫게 된다. 기자가 광고를 낼 때 해당 광고가 광고에 응답할 남성들의 범위를 제한할 것이라는 생각을 하지 못한 것이다. 분명 자신도 모르게 그의 광고는 (낙태에 관해 기자 자신이 기존에 가지고 있는 강력한 견해를 고려해 보면) 우리가 보다 강력한 기존의 가설이라고 합리적으로 추정할 수 있는 것, 즉 남성들은 자신의 파트너가 낙태할 때 (안 좋은) 감정을 갖는다는 것을 확증시켜 줄 취재원을 찾았다. 그리고 남성들이 그렇지 않을 수 있다는 기자 자신이 나름대로 정교화한 대안적인 가설을 확증시켜 줄 수 있는 취재원은 좇지 않았다.

이러한 기자의 기존 신념이 왜 어떤 취재원은 선택하고 또 어떤 취재원은 선택하지 않는 결정을 하도록 만드는지는 흥미로운 문제이다. 다른 연구에서 상당히 길게 논의한 바와 같이(Stocking, 1989b), 기자는 취재원 결정 과정에서 어떤 경우에는 편향을 피하려는 의식적인 노력이 필요하다고 정의하는 반면, 어떤 결정에서는 그렇게 하지 않았다. 더욱이 취재원 선택 시 어떤 경우에 편향이 개입되지 않도록 의식적으로 경계할 필요가 있고 없는지를 규정했는가는 적어도 부분적으로는 이러한 문제에 대해서 우선적으로 민감하게 다루도록 하는 기능을 하는 것 같았다.

이와 같은 사례연구는 고무적이나 분명 제한적이다. 기존의 평가적 신념뿐만 아니라 세상이 어떻게 작동하는가에 대한 기존의 기술적인 신념underlying descriptive beliefs의 효과를 검토하는 더 많은 연구가 필요하다. 또한 앞선 제안과 마찬가지로 양 유형의 근저에 깔린 신념들이 기자가 취재를 고려하는 기사 주제에 관한 특정의 가설과 가정들과 어떻게 관계가 있는지,[32] 그리고 어떻게 이러한 보다 구체적인 가설과 가정들이 후속 정보 수집에 방향을 제시하는지를 이해하기 위해 추가적인 연구가 필요하다. 앞선 사례연구는 기자의 평가적 신념과 특정 이야기 기반의 기술적 가설이 취재원 선택 결정에 미치는 효과들을 연구했다. 그것은 좋은 시작이다. 그러나 우리는 취재원에 대한 문제 제기, 이러한 취재원으로부터 얻은 정보에 대한 평가와 선별, 그리고 그러한 정보의 이용을 포함하는 전반적인 취재 및 작성 결정에 공유 또는 비공유 신념들이 미치는 효과들도 연구해야 한다.

(4) 확증 전략이 오류를 일으키는가?

저널리스트들이 뉴스취재 시 이론 확증 전략theory-confirming strategy을 이용하는 경우 그러한 전략이 오류가 있는 결과를 초래하는가? 스토킹(1989a)은 체르노빌 원전사고에 관한 미디어 보도에서 (참사의 책임을 인간의 잘못보다는 원자로 건설에 돌리는 것을 포함한) 다수의 초기 "오류"는 저널리스트가 확증 전략을 사용했기 때문에 발생했을 수 있다고 추측했다.

그러나 이론 확증 전략이 저널리스트의 설명에서 "오류"를 일으키는지, 또는 얼마만큼 일으키는지는 분명 실증적 문제이다. 그러한 질문에 답을 하려면 무엇이 "오류"인지를 결정해야 하는데, 이는 어려운 문제이다. 체르노빌 보도 분석에서는 (참사의 사상자와 원인에 대한 보도의 경우처럼) 만일 후속 보도가 앞선 보도의 결론이 틀렸음을 입증하는 것으로 판단될 경우, 결론에 오류가 있는 것으로 평가되었다. (소련연방이 폐쇄 사회여서 소련연방으로부터 정보가 유입되고 있지 않았다는 결론)의 사례에서처럼, 만일 뉴스 미디어에서 인용되지 않은 사람들이나 기관에서 그러한 결론이 틀렸다고 본다면, 그 결론은 오류가 있는 것으로 판단되었다.

그러나 메이어Meyer(1987, 191~195쪽)의 "오류" 연구에서 밝혀진 바대로, 보도의 부정확성은 누가 그러한 정확성 판단을 내리는가에 따라 다음의 몇 가지 방식으로 정의될 수 있다. 저널리스트와 취재원이 모두 취재 결과가 부정확하다고 동의하게 되는 경우(취재원이 비교적 적은 오류를 확인한 경우), 취재원이 결과가 부정확하다고 믿는 경우(저널리스트들은 이에 동의할 수도 또는 안 할 수도 있다. 실제로 저널리즘 오류에 관한 연구가 시사하는 바에 따르면 취재원과 저널리스트는 무엇이 부정확성을 구성하는가에 관해 보통은 동의하지 못한다), 또는 어느 쪽과도 관련되지 않은 평가자가 증거를 평가한 후 보도가 부정확하다고 말하는 경우로 정의될 수 있다. 관행적으로 우리는 종종 취재원으로 인용되지 않은 이해관계인들이 부정확하다고 믿는 취재 결과물을 오류로 정의한다는 점을 덧붙이고 싶다.

앞서 논의한 남성들과 낙태에 관한 기사에서 당연하게도 취재원은 그 기사에 대해 각기 다른 평가를 했다. 즉, 낙태 합법화를 주장하는 취재원은 낙태를 반대하는 취재원들보다 해당 기사가 덜 정확하고 그 보도가 (적합한 취재원을 찾고, 올바른 질문을 하며, 관련 증거를 타당하게 해석한다는 측면에서) 더 형편없는 것으로 간주하였다. 남성들과 낙태에 관한 연구를 수행한 두 명의 사회과학자들과 관련 연구는 하지 않았지만 (그러한 연구에 친숙한) 사회과학자도 해당 기사에 대해서 낙태를 찬성하는 취재원들이 생각하는 것보다 더 현저하게 정확성이 떨어지며 형편없이 보도되었다고 봤다(스토킹, 미발간 데이터). 흥미롭게도 낙태 논쟁의 그 어느 쪽으로부터도 이의제기가 없는 가운데 기자는 해당 기사가 "객관적"이라고 추론했다.[33]

오류가 어떻게 정의되든지 간에(각각의 정의에 강점과 약점이 있지만), "오류"가 가설-확증 전략의 결과로서 발생하는지, 또는 어느 정도로 그러한지에 대한 연구가 필요하다.

(5) 선택 편향

저널리스트가 관찰, 인터뷰와 문서들로부터 정보를 선택할 때 이 책에서 살펴본 확증 편향뿐 아니라 여타의 인식적 편향과 오류의 피해자가 되는가? 예를 들어 저널리스트는 일화적인 정보보다 기저율 정보를 과소 활용하는가? 1984년과 1988년 대통령선거 기간에 제시 잭슨Jesse Jackson에 관한 저널리스트의 보도 사례처럼, 저널리스트는 기사취재를 할 때 맥락상 눈에 띄는 사람들, 행동, 사건들에 더 주의를 기울이고 그것들에 대해 극단적인 평가를 하는가? 배심원들처럼 저널리스트들은 다른 유형의 증거들보다도 목격담을 더 중요하게 여기는 경향이 있는가? 저널리스트는 극적이거나 선정적인 원인에 의한 죽음의 위험을 과대평가하는가? 앞서 언급한 바와 같이 저널리스트가 그렇게 한다는 중요한 증거들이 있다(Combs & Slovic, 1970).

(6) 정보 통합에서의 편향

마지막으로 정보 모자이크의 각기 다른 조각들을 통합할 때 저널리스트는 존재하지 않을지도 모르는 (환상에 불과한 상관관계를 부과하는 방식으로) 정보를 처리하는가? 그들은 복잡한 사건에 관한 설명들을 이처럼 지나치게 단순화하는가? 예컨대 그들은 정보원의 행동이 상황적인 원인보다는 (성향에 의한) 기질적 원인 탓으로 돌리는 인과적 추론의 오류의 희생자가 되는가? 그들은 컴퓨터 앞에 앉아 기사를 통합하려고 할 때 재구성과 사후 과잉 확신 편향의 희생자가 되는가?

나. 환경적 요인이 정보 처리에 미치는 효과에 관한 연구

저널리스트가 어떻게 정보를 처리하는가를 간단히 기술하는 연구뿐만 아니라 앞서 지적한 바와 같이 우리는 일련의 환경적 제약조건들이 저널리스트의 정보 처리에 영향을 미치는 특정 효과를 탐구해야 한다. 이러한 환경적 요인들에는 (제한을 두는 것은 아니지만) 조직 내 제약들, 뉴스 정보원, 지역사회 구조 문화, 그리고 직업 규범이 포함된다.

(1) 조직 내 제약(조건)들의 효과

조직 내 제약조건들은 어떻게, 그리고 얼마나 이 책에서 밝히고 있는 인지 과정들의 구성에 영향을 미치고 있는가?

최근 몇 년간 인지심리학자들 사이에서 사람들이 갖는 목표가 이들이 정보를 어떻게 처리하는가에 중대한 영향을 미친다는 인식이 점차 증가하고 있다(Higgins, King, & Marvin, 1982). 비록 개인의 목표가 조직의 목표와는 어느 정도 다를 수 있기는 하지만 대개는 그렇지 않다. 저널리스트가 자기가 속한 조직의 목표와 정책들을 적극적으로 수용한다는 점은 오랫동안 알려져 온 사실이다(Breed, 1955).

따라서 만일 어떤 조직의 목표가 광고주가 도달하고자 하는 특정 소비자 집단의 관심을 끌 만한 기사를 생산하는 것이라면, 그 조직에 속한 저널리스트는 그런 조직의 목표를 달성하는 데 도움이 되는 방식으로 정보를 처리할 것이라고 예상할 수 있다. 여기서 우리가 제시한 프레임워크에 적용하면, 기자는 그러한 수용자를 위한 "좋은 기사"에 적합한 가설을 만들어 낼 것으로 예측할 수 있다. 게다가 저널리스트가 확증 편향을 표출하는 만큼, 우리는 그들이 가장 먼저 (취재원, 질문 등의 선별 과정을 통해) 정보를 찾고 "좋은 기사"를 만드는 정보를 우선 선택할 것이라고 예상할 수 있다.

따라서 만일 어떤 잡지의 주요 목표가 좌파 수용자에게 소구하는 것이라면, 우리는 저널리스트가 정치 좌파의 구성원들에게 소구할 만한 가설을 만들어 낼 필요를 인식하고 그런 다음 먼저 (취재원을 선별하고 질문 등을) 묻고자 하며, 그러한 가설을 확증하는 정보를 선택할 것이라고 예상할 것이다. 이처럼 만일 한 잡지의 주요 목표가 아주 폭넓은 지역사회나 문화의 사람들에게 소구하는 것이라면, 우리는 저널리스트가 현 상태를 지지하는 가설을 만들어 그러한 개념들에 일치하는 정보를 찾고 선택할 것으로 예측할 수 있다. 다시 말해, 정보 추구와 선택에서 조직의 목표에 부합하는 정도로 가설 확증 편향이 발생할 수 있음을 예상할 수 있다. 만일 그러한 가설 확증 편향이 조직의 목표에 상응하지 않는 경우 우리는 그것이 기자에 의해 자율규제될 것으로 예상해 볼 수 있다. 만일 자율규제되지 않는다면, 조직 내 다른 기자들이 가설 확증 편향임을 알아차려 이를 정정하고 심지어 처벌을 내릴 것으로 예상할 수 있다. 분명 그러한 예상들은 결코 새롭거나 놀라운 것이 아니다. 뉴스를 연구하는 사회학자들은 오랫동안 이와 유사한 점들을 지적해 오고 있다. 조직적 요인들이 효과를 낼 수 있게 하는 심리학적 기제들에 관해 이제 우리가 좀 더 정확할 수 있다는 점이 아마도 이전 연구자들과는 다른 점일 것이다.

저널리스트에게 영향을 미치는 조직 내 제약들을 검토하면서 시간과 공간적 제약들(그리고 기타 기술적 제약조건들)이 우리가 기술한 인지적 편향들을 어떻게, 그리고 얼마만큼 강화시키는지를 질문할 것이다.[34] 저널리스트는 기사작성에 더 많은 시간이 주어진다면 인지적 편향의 희생물이 될 가능성이 줄어들까? 앞서 살펴본 크루글란스키와 동료 연구자들의 연구 결과는 시간 압박이 정보 처리 편향을 악화시킨다는 사실을 강력하게 입증해 주고 있다. 그러나 아마도 저널리스트의 업무처리 방식은 너무나 생래적이어서 얼마나 많은 시간이 있는지와 관계없이 기자는 단순히 습성에 의해 거의 같은 방식으로 일 처리를 할 수도 있다.

시간 제약이 뉴스 취재에서의 인지 편향을 강화시킨다는 견해와 일치하는 몇몇 증거들이 있다. 피코Fico와 동료 연구자들은 신문과 통신사 기자들에 관한 연구에서 저널리스트의 업무량은 선택된 취재원 수(Fico, 1984a, b)와 기사 균형성(Lacy, Fico, & Simon)에서 모두 부적 상관관계가 있음을 발견했다. 다시 말해서, 저널리스트가 더 많은 기사를 작성해야 할수록 (그리고 아마도 시간 제약이 더 클수록) 취재원은 더 적고, 따라서 기사의 균형성은 더 떨어지기 쉽다.

(2) 뉴스 취재원, 커뮤니티 구조, 그리고 문화의 효과

이와 같은 맥락에서 어떻게, 그리고 얼마나 뉴스 정보원과 커뮤니티 구조, 그리고 문화가 저널리스트의 정보 처리에 영향을 미치는가? 확실히 뉴스 생산과 저널리스트, 그리고 미디어 콘텐츠에 관한 전통적인 연구가 출발점을 제공해 준다.

언론에 일상적으로 "정보 보조금information subsidies" (Gandy, 1982)을 공급하는 사람들을 포함해 뉴스 취재원에 대해 생각해 보자. 지금까지 취재원과 정보 보조금이 미디어 콘텐츠에 미치는 영향을 분석한 대부분의 연구는 기사 선택에 관심을 두어 왔다(예: 반스라이크 터크VanSlyke

Turk, 1986). 그러나 뉴스 기사가 채택된 후에 저널리스트의 사고에 영향을 미치는 것에 대해서는 어떠한가? 취재원이 (저널리스트의) 사고를 조직하는가? 취재원이 저널리스트가 무엇에 대해서 생각해야 하는가뿐만 아니라 어떻게 생각해야 하는가에 대해서도 말하는가?

반 다이크Van Dijk(1988a)는 저널리스트가 자신의 취재원들이 하는 것과 마찬가지로 빈번히 뉴스 에피소드들을 구성한다는 점을 발견했다. 이러한 연구 결과는 취재원이 그러한 에피소드를 스토리텔링하는 구조적 틀을 제공할 수 있음을 시사한다. 우리가 여기서 제시한 관점들을 활용해 몇 가지 추가 질문을 할 수 있다. 즉, 취재원은 범주, 특정 기사와 관련된 가설과 가정들, 그리고 어쩌면 가설을 시험하기 위해 이용되는 질문들에 관하여서도 기자에게 "미리 알려prime"주는가? 예컨대, 취재원은 우리가 밝혀낸 인지 편향성을 이용하여, 그리고 기본이 되는 정보보다 상대적으로 입증되지 않은 일화적 정보를 아낌없이 활용함으로써, 또는 귀인歸因에서 구조보다는 개인에 더 많이 주목하게 함으로써 데이터의 선택을 지시하는가?

커뮤니티 구조와 문화가 정보 처리에 미치는 영향을 고려하는 연구도 있다. 올리엔과 동료 연구자들(Olien et al.,

1989)은 커뮤니티 기획에 대한 신문사 편집인들의 인식에 관한 연구를 수행했다. 연구 결과 편집인들이 커뮤니티 기획을 어떻게 정의하는가는 그들이 속한 커뮤니티의 다원주의 수준에 따라서 다양하게 나타남을 발견했다. 그리하여 다원주의적인 커뮤니티[35]의 편집인들은 덜 다원주의적인 커뮤니티에 소속된 편집인들보다 커뮤니티 기획이 질서를 촉진하고 변화의 효과나 방향을 통제하며 성장을 조율하는 전략이라고 정의하는 경향이 더 높았다. 이와는 반대로 덜 다원적인 커뮤니티의 저널리스트는 커뮤니티 기획을 경제 성장의 수단으로 정의하는 경향이 더 높았다.

(우리가 여기서 제시한 관점을 활용해 근원적인 가정들에서의 차이로 간주할 수 있는) 이러한 인식 차이를 고려하면 보다 다원적인 커뮤니티에 소속된 저널리스트는 "통제control" 정의를 지지하는 기사와 관련된 가설을 도출할 것임을 예상할 수 있다. 동시에 다원성이 낮은 커뮤니티에서의 저널리스트는 "성장growth" 정의를 지지하는 기사와 관련된 가설을 만들어 내리라 예상할 수 있다.

또한 저널리스트가 정보 수집을 할 때 확증 편향을 드러내는 정도만큼 이러한 기사와 관련된 가설을 확증하는 방식으로 취재하리라 예상해 볼 수 있다. 따라서 우리는 다원주의적인 커뮤니티의 저널리스트는 "통제" 증거 등에 더 높은 중요도를 부여하기 위해 "통제" 취재원을 우선 선택해 "통제 관련" 질문들을 우선적으로 물어볼 것이라 예상해 볼 수 있다. 이와 같은 맥락에서 다원성의 수준이 상대적으로 낮은 커뮤니티에서 온 기자는 "성장" 증거 등에 더 높은 중요도를 부여하는 "성장" 취재원을 우선 선택하고, "성장 관련" 질문을 먼저 물을 것이라 예상할 수 있다.

올리엔과 동료 연구자들의 연구에서 커뮤니티 기획에 대한 편집인의 정의는 더 큰 규모의 사회 시스템에서 이념을 강조하는 기능으로서 다르게 나타나고 있음을 발견했다. 좀 더 정확하게 말하면, 레이건 정부 당시 전반적인 사회 시스템이 사회 기획을 위한 연방 기금과 지원을 축소함에 따라 편집인의 사회 기획에 대한 정의도 변해, 커뮤니티에서의 다원주의 수준과는 관계가 없게 됐다. 올리엔과 동료 연구자들은 이러한 변동을 보다 규모가 큰 사회 시스템과 지역 커뮤니티 간 점증하는 상호의존성의 결과로 보았다. 커뮤니티가 더 큰 사회와의 상호의존성이 계속될 것으로 보기 때문에 우리는 지역의 이슈에 관한 저널리스트의 가설 생성과 가설 검증이 규모가 더 큰 시스템의 이념과 적어도 어느 정도는 보조를 맞출 것으로 예상해 볼 수 있다.

(3) 저널리즘 규범과 실천의 효과

마지막으로 우리는 저널리즘 규범과 실천이 인지적 편향과 오류에 미치는 효과들에 관해 질문을 던질 것이다. 심리학 실험실에서 학생들은 "객관적"이어야 한다고 지시받을 때조차도 인지적 편향과 오류를 범한다. 저널리스트도 마찬가지인가, 아니면 이러한 편향 중에서 적어도 일부에 대해서는 저널리즘에서의 객관성과 공정성과 관련된 규범들이 작동하는가?

주류 미국 저널리즘에서 그러한 규범의 존재는 여러 문헌에서 어렵지 않게 발견된다. 예컨대, 서베이 연구 결과 주요 신문사 편집인들이 만일 "객관성"을 중요하게 여기지 않을 경우 공정성과 균형을 중요하게 평가한다는 점을 밝혀냈다(Boyer, 1981). 또한 저널리즘에 관한 많은 연구는 기자가 "객관적"이기 위한 노력을 할 것이라는 일반적인 기대를 체계적으로 정리해 놓고 있다. 언론 산업에서 하나의 전형적인 윤리강령에 따르면 객관성이란 "우리가 지향하는 수행의 규범"(전문직업기자회The Society of Professional Journalists/ Sigma Delta Chi, 1987)이다.

다수의 윤리강령은 여기서 더 나아가 저널리스트들이

"진실에 복무하기" 위해 고군분투할 때 고수해야 하는 실천 사항들을 구체적으로 기술해 놓고 있다. 이 중에 일부는 특히 앞서 기술한 이론 확증 편향과 관련이 있어 보인다. 예컨대 거의 모든 저널리즘 윤리강령은 미분류 의견을 뉴스 보도로 내보내거나 불공정하고 한쪽에 치우친 기사에 대한 경고를 담고 있다. 예를 들어 앞서 언급한 윤리강령에 따르면 "건전한 저널리즘 실천은 뉴스 보도와 의견 표명 간에 명확한 구분을 하며, 뉴스 보도는 의견이나 편견이 없이 사안의 모든 측면을 나타내야 한다."

저널리스트가 과도하게 선입견에 의해 움직이지는 않으리라는 일반적인 기대가 저널리즘에 존재한다. 월 스트리트 저널은 기자들을 위한 사내 규정에서 다음과 같은 내용을 강조한다. "… 기자는 결코 자신의 선입관을 외곬으로 고수하여, 그에 대한 증거가 거의 존재하지 않는 곳에서 그 증거를 찾으려고 계속해서 안간힘을 쓰거나, 상반되는 증거를 무시하여 자신이 초기에 가졌던 생각에 부합하지는 않지만 결실을 맺을 수 있는 영역을 탐색할 기회를 놓쳐서는 안 된다. … 선입관이 아니라 결국 사건이 기사를 구성하도록 해야 한다"(Blundell, 1986, 25쪽).

저널리스트가 어떤 결정을 내릴 때 저널리스트라는 직

업에 대해 사람들이 갖는 기대를 성문화하 문서를 거의 참고하지 않는다는 사실이 연구를 통해 밝혀졌다(Morgan, 1989). 그럼에도 불구하고 기자는 저널리즘 교실이나 뉴스룸에 발을 들여놓는 첫날부터 그러한 기대를 인식한다. 설사 기자가 객관성의 가능성을 믿지 않는다고 하더라도, 적어도 피상적으로라도 이러한 규범에 복무하는 구체적인 실천들을 재빨리 학습한다. 사회학자 게이 터크만Gaye Tuchman에 따르면 서로 상반되는 견해들의 찬반 균형을 이루는 것과 같은 이러한 저널리즘 실천들은 너무나 뿌리 깊이 배어 있어 거의 "관습적으로" 활용되어 편향이 작동하지 못하도록 한다(Tuchman, 1972).

물론 주류 미국 기자들은 뉴스를 취재하러 나갈 때 "객관적"이어야 한다는 간단한 지시사항보다 훨씬 더 많은 지침을 받는다. 대다수 저널리스트는 예전부터 지속된 일련의 기대들, 구체적인 실천 목록, 이러한 실천사항들을 실전에 적용하면서 겪는 반복적인 경험을 간직한 채 취재를 하게 된다. 게다가 저널리스트는 종종 편집인이나 기사의 사실을 검토하는 직무를 담당하는 팩트체커fact-checkers로부터 편집 검토를 받을 것이라는 예상을 갖고 일을 한다.

분명한 것은 그러한 예상과 실천들이 공정성과 균형을

보장한다고 기대할 수 없다는 점이다. 할린은 다음과 같이 지적했다. 즉, 뉴스에 여러 이해당사자들과 다양한 관점들이 있을 수 있지만 ("모성애와 애플파이"처럼) 상당히 긍정적인 합의가 있는 것으로 보일 때, 저널리스트는 자신들이 "반드시 대립적인 견해들을 제시하거나 공평한 관찰자로 남아 있어야 한다고 느끼지 않는다. 오히려 저널리스트의 역할은 합의된 가치의 옹호자 또는 찬양자로서 복무하는 것이다"(Hallin, 1989, 117쪽).

이와 마찬가지로 (예를 들어 테러리스트나 공산주의처럼) 어떤 사람들과 관점에 대해서는 너무나 부정적인 의견의 일치가 있는 듯이 보여서 저널리스트는 객관적이기 위해 노력해야 한다고 느끼지 않는다. 이러한 상황에서 저널리스트는 이러한 합의를 위반하거나 도전하는 사람들에 대해서는 "이들을 폭로하고 규탄하거나 배제하는" 역할을 한다(Hallin, 1989, 117쪽).[36]

다시 말하면, 저널리스트들이 의문을 품지 않은 채 가정assumptions으로서 믿는 (긍정적이든 부정적이든) 아주 깊이 인식된 합의가 존재한다는 믿음이 있을 수 있다.[37] 가설과는 다르게 가정을 통해서 대안적인 믿음을 만족시킬 가능성은 없다. 촘스키Chomsky가 시사한 바와 같이 정말로 그러한 상황에서 대안은 "생각할 수 있는 사고의 한계bounds of thinkable thought"(Chomsky, 1985) 그 너머에 있을 수 있다. 서로 경합하는 대안들을 인식하지 못할 때 저널리스트는 공정성과 균형을 보장하기 위한 저널리즘의 규범과 실천들을 발동할 아무런 필요를 느끼지 못할 수 있다.

한편 할린은 명백하게 의견의 일치를 보지 못한 사람들과 관점들(공화당/민주당, 낙태 찬성/낙태 반대)이 있음에 주목한다.[38] 이러한 사람들과 시각들을 통해 저널리스트는 객관적이기 위해 노력해야 한다고 느낀다. 우리가 이 책에서 제시한 프레임워크를 통해 살펴보면, 저널리스트는 대안적인 관점을 만족시키거나 최소한 그 관점 간에 "균형을 맞춰야만" 하는 것으로 느낀다.

따라서 상당한 합의가 존재하는 것으로 여겨지는 영역들에서는 편향을 최소화하기 위한 저널리즘 규범과 실천들을 기대하지 않을지 모르지만, 명백히 "정당한 논쟁적" 사안에 대해서는 그 규범과 실천이 어느 정도 영향을 미칠 수 있다. 공정성 및 객관성과 연관된 저널리즘 규범과 실천들의 명백한 침투성을 고려하면, 심리학자 실험실의 일반 피실험자들이 그러하듯이, 저널리스트가 가설 확증 편향을 드러내리라 쉽사리 가정하는 것은 무모한 일일 수 있다.

위의 환경적 제약들이 인지 처리에 미치는 효과들에 대해 개별적으로 논의함으로써 그러한 제약들이 서로 독립적으로 작동한다는 것을 시사하려는 것은 아니다. 그와는 반대로 그 제약 간 상호작용 속에서 그 제약들은 저널리스트가 정보를 처리하는 방식에 다양한 영향을 미칠 수 있다.

뉴스 취재원과 뉴스 조직이 동시에 영향을 미치는 경우를 생각해 보라. 저널리스트가 일하는 조직 내 제약조건들의 작용으로 아마도 뉴스 취재원의 영향은 다양하게 나타날 것이다. 예를 들어 저널리스트가 시간 압박을 덜 받는 업무환경에서보다 상당한 시간 압박을 받는 상황에서 취재원이 저널리스트의 인지 처리에 미치는 영향이 더 클 것으로 예상할 수 있다. 따라서 소규모 신문사나 소규모 텔레비전 방송사에서처럼 업무량이 과중한 환경에서 저널리스트는 취재원의 견해를 "사실"로 채택하고 그것을 가설로서보다는 가정으로 삼을 것이라고 예상할 수 있다. 이와는 반대로, 대규모의 수도권 신문사나 대도시의 텔레비전 방송국처럼 상대적으로 업무량이 적은 환경에서 저널리스트는 취재원의 관점에 대해 더 많은 의문을 제기하고, 후속 정보 수집에 미치는 예상된 효과로 취재원의

관점을 더 가설로 여길 것이라는 점을 예상할 수 있다.[39]

다 . 다른 연구의 필요성 : 편향과 오류는 쉽게 바뀌는가?

비전문적인 지각자와 마찬가지로 저널리스트가 이 책에서 밝혀내고 기술한 인지적 편향과 오류를 범하고, 그러한 편향과 오류가 문제가 있는 기사를 낳는다면 취할 수 있는 조치는 무엇인가? 그러한 편향과 오류를 피하거나 최소화할 수 있는가?

이러한 질문에 답하기 위해서는 먼저 연구자들이 무의식적인 것으로 간주하는 (정보 처리) 과정과 통제되어야 하는 것으로 여겨지는 (정보 처리) 과정 간에 구별이 필요하다. 무의식적인 정보 처리 과정은 분명한 인식이나 심사숙고를 통한 결정 없이 발생하는 자동적인 과정이다. 그러한 과정은 우리가 한 번에 한 가지 이상의 것들에 주의를 기울일 수 있도록 하는 제한된 처리 능력에 적응한 결과이다. 오랜 기간에 걸쳐 운전을 배우고 실제로 해본 사람에게 운전은 자동적인 과정이 된다. 운전할 때 우리는 운전에 대해 생각할 필요 없이 그냥 운전하면서 다른 것들에 대해 생각한다.

이와 같은 맥락에서 현실 세계의 사건이 친숙한 것이거나 특정 범주화 방식이 지각자에 의해 자주 이용될 때, 범주화와 가설 도출의 과정은 자동적으로 이뤄진다. 이러한 유형에서는 복잡하게 진행 중인 사건의 시퀀스를 관찰할 때 확증 경향과 현저성 편향을 보이기도 한다. 게다가 기억에 기반한 정보를 마치 해당 사건에서 실제로 나타난 것으로 간주하는 경향처럼 (정보) 복구와 기억 상기에서의 일부 편향이 발견되기도 한다.

자동 처리 과정은 깊이 학습된 것이고 우리의 인식 바깥에서 작동하기 때문에 방해하기가 어려울 수 있다. 일부 연구자들의 정의에 따르면 자동 처리 과정은 정말 불가피하고 적어도 손쉽게 바로잡을 수 있을 것 같지 않다. 따라서 우리는 사람들이 사회적 자극을 처리하고, 기자가 거대하고 복잡한 세상의 사건들을 우리에게 전달해 주는 영역들 전반에 걸쳐서 자동 처리 과정이 존재한다는 사실을 받아들여야 할 것이다.

지각자가 신중한 결정을 통해 지시하고 관여하는 그러한 더 통제된 처리 과정들의 결과인 편향에 대해 우리는 좀 더 낙관적인 입장을 견지할 수 있다. 이러한 유형에는 현실 세계의 사건이 새롭거나 예상치 못한 것일 때 범주화와 가설 생성으로부터의 편향, 그리고 제기된 질문들의 범위나 형식에 관한 결정과 관련된 확증 경향 등을 포함할 수 있다. 우리는 기저율 데이터가 아닌 단일 사례와 관련된 자료를 이용한다는 결정처럼 기사를 명확히 예증하기 위해서 사용되는 증거 유형들에 관한 다소 편향된 결정을 포함할 수도 있다. 그리고 상황에 관한 정보보다 성향에 관한 정보를 과도하게 강조하는 지각자의 경향은 아마도 바로잡을 수 있을 것이다.

물론 일부 연구는 이 책에서 우리가 기술한 일부 편향들은 최소화될 수 있음을 시사한 바 있다. 예를 들어 단순히 사람들에게 편향되지 말라고 말함으로써 확인되지 않은 증거 앞에서 어떤 특정 이론을 견지하는 사람들의 경향을 감소시키지는 못할 것이다. 그러나 사람들에게 그들이 증거를 어떻게 평가하는지 신중하게 고려해 보도록 하고 그들이 데이터를 해석하는 과정을 거칠 때 자신들이 갖는 편향을 경계하라고 말함으로써 편향을 최소화하는 데 도움이 될 것이다(lord, Lepper, & Thompson, 1980). 그리하여 사람들에게 왜 그들의 이론이 틀릴 수 있는지 설명하라고 요청하는 것도 편향을 최소화하는 방법이다(C. A. Anderson, 1983).

방향이 정해져 있지 않은 질문nondirectional questions을 하는 것도 이론 확증 편향을 효과적으로 줄일 수 있는 정보를 구하도록 하는 것으로 나타났다(Trope & Bassok, 1982).

지금껏 살펴본 바와 같이 (저널리스트로서의) 직업 규범과 실천이 때로는 확증 편향을 최소화할 수 있다고 생각하는 것도 맞다. 편집인과 팩트 체크 기자들의 면밀한 편집 검토를 통과할 뉴스 기사를 공급해야 할 필요성 또한 유사한 효과를 가질 수 있다. 일부 연구에 따르면 실제로 사람들이 편향을 최소화하려는 동기부여가 충분히 되었을 때, 매우 확고하게 자리 잡은 자동처리 과정과 연관된 편향들을 차단할 수 있다는 것이다(Branscombe, 1989).

그러나 이러한 낙관주의는 중요한 자질에 의해 조정될 필요가 있다. 먼저 확실한 훈련이나 기타 절차들을 통해 인지 편향을 최소화하거나 무효로 하려는 시도들은 빈번히 실패한다는 점을 많은 연구가 입증해 주었다(예컨대 Wilder & Allen, 1978 ; Hayden & Mischel, 1976 ; Ross, Lepper, & Hubbard, 1975 ; Jones, 1979를 보라). 더욱이 이러한 일부 편향들을 무효로 하는 데 효과적인 절차들은 종종 가혹하며, 정교하고, 한시적이다.

예를 들어 이 책의 저자 중 한 사람이 수행한 연구

(Gross & Darley)에서 지각자의 이론 확증 편향을 무효로 하기 위한 시도가 있었는데, 이 경우 가설은 사회적 고정관념으로부터 도출되었다. 이론 확증 편향의 위험과 결과에 관한 확실한 교육과 훈련을 통한 노력은 실패했다. 효과적인 것으로 판명된 절차는 지각자가 원래 갖고 있던 가설을 대안적이고 반고정관념적인 가설로 대체하기 위해 고안된 3페이지짜리 정보 패키지가 제공되었을 때였다.

이러한 절차는 지각자가 이 새로운 가설을 상기해 행사하도록 만들었다. 그러나 아마도 자신들 스스로 그러한 가설을 도출해 내지 않았을 불운한 지각자들에게 그 가설을 강제로 떠안김으로써 그렇게 된 것이다. 더욱이 그 효과는 일시적이며 지각자들은 당면한 상황 내에서 자신들의 대안적인 가설을 이용했으나 그 가설을 다른 상황에도 적용하는 일반화는 하지 않았다.

마지막으로 저널리스트가 일하는 환경적 제약조건에 비추어 봤을 때 편향의 최소화나 무효화에 대한 그 어떤 낙관주의도 적절하게 조절될 필요가 있다. 주지하다시피 상당수의 환경적 제약조건들은 우리가 밝혀낸 인지 편향들을 감소시키는 데 도움이 되는 것이 아니라 오히려 증가시킬 수 있다. 그리고 스토킹(1989b)의 사례연구에서 관찰한 바와 같이, 저널리스트로서의 직업 규범과 실천뿐만 아니라 편집 검토라는 기대도 그러한 편향을 제거하기에는 결코 충분하지 않다.

더욱이 심리학자들은 사람들이 자기 판단의 정확성을 과대평가하는 경향이 있음을 입증해 왔다(Fischhoff, Slovic, & Lichtenstein, 1977). 저널리스트가 이러한 "과신 현상"의 피해자가 되는 만큼, 우리는 그들이 자신들의 생각을 개선하려는 노력을 하지 않을 것임을 예상할 수 있다.

향후 연구를 통해서만이 저널리즘에서의 인지 편향과 오류가 어느 정도로 개선될 수 있을지 알 수 있다.

라. 연구 방법에 관한 제언 A Word on Method

뉴스 생산에서의 인지 편향과 오류를 문헌으로 입증하고, 그러한 편향을 환경적 요인들과 더 직접적으로 연결 짓고, 그러한 편향이 변화할 수 있는 정도를 결정하려고 할 때, 우리는 다양한 연구 방법을 활용하는 것이 현명할 것이다. 다양한 방법들은 저널리즘에서의 인지 편향과 오류를 문헌으로 입증하는 첫 결정적인 단계를 밟는 데 특히 유용할 수 있다.

내용 연구는 저널리스트들이 사고하는 방식에 관해 우리에게 말해 줄 수 있는 것이 분명 제한적이지만, 오늘날 인지적 관점으로부터 발전된 내용 분석들은 중요한 시작이 될 수 있다. 예컨대 미디어 내용에 대한 매우 상세한 연구는 저널리스트가 이론화하는 사람들과 사건의 면면들을 결정하고 은유와 기사 초점이나 "주제", 그리고 기사 구성에서 드러나는 범주와 이론들을 밝혀내는 데 유용할 수 있다. 내용 분석은 또한 저널리스트가 어떻게 텍스트에서의 증거를 다루는지(예컨대 저널리스트가 일화적인 증거와 기저 정보를 취급하는 방식)와 그들이 원인이나 비난을 어떻게 처리하는지(누구의 탓으로 돌리는지) 등에 대한 통찰력을 얻는 데 유용할 수 있다. 일부 이러한 작업은 이미 시작되었다.

주지하다시피 일부 심리학자들은 저널리즘에서 인과적 사고의 편재성에 관한 연구를 이미 시작했다(Lau, 1984 ; Lau & Russell, 1980 ; Foersterling & Groenvald, 1983).

반 다이크는 광범위한 연구 프로그램에서 언어적 · 인지적 분석 단위를 모두 사용해 뉴스 기사의 내용과 구조를 살펴보고 있다(van Dijk, 1983, 1988a, b). 일부 연구에서 반 다이크는 민족 소수집단에 관한 뉴스 내용을 분석해 저널리스트 사이에서 이들 집단에 대한 "사회적 재현"에 관한 추론을 도출했다. 무엇보다도 그는 다민족 사회에서 민족 집단이나 인종 관계에 관한 언론 보도가 폭력과 불법적인 것과 관련된 경우가 아니라면, 대개는 갈등, 문제, 난관과 연관되어 보도되고 있음을 발견했다(van Dijk, 1988b).

뉴스 미디어가 그러한 부정적인 재현을 상쇄시키는 정보를 제공할 때, 뉴스 미디어는 "동시에 그러한 재현을 '조심스럽게 다루어' 그러한 재현들이 사소한 것으로 무시될 수 있도록 하는 논쟁적인 전략들을 구사하기도 한다"(van Dijk, 1988b, 207쪽). 여기서 우리가 제시한 프레임워크에 이러한 작업을 적용해 보면, 우리는 반 다이크가 저널리스트가 활용하는 일부 공유된 범주와 이론들, 기자들이 그러한 이론을 확증시켜 주지 않는 증거는 무시하는 방식들을 추론하기 시작했다고 할 수 있다. 더욱이 반 다이크는 그러한 이론들이 구조적으로, 그리고 방식상 어떻게 작동하는가를 보여주기 시작했다.

물론 내용 분석 작업과 더불어 저널리스트가 뉴스를 생산하는 업무에 관계하면서 실제로 무엇을 생각하는가에 대한 접근이 필요하다. 우리는 기자가 이벤트를 관찰하고, 정보원들과 이야기를 나누며, 문서를 일독할 때 이들을 관찰해야 하며, 가능하다면 기자가 뉴스 취재를 하러 갈 때 무슨 생각을 하고 있는지에 대해 이야기하도록 해야 한다.

연구자가 연구 프로젝트를 수행할 때 연구 대상과 이야기를 나누는 프로토콜 분석(Ericsson & Simon, 1984)은 저널리스트의 생각에 접근하기 위해 사용할 수 있는 하나의 방법론적 도구이다. 현재까지 프로토콜 분석은 기본적인 구성 요소들의 작성에 관한 연구(Hayes & Flower, 1986)에서, 그리고 저널리즘 기사의 작성 연구(Pitts, 1982)에서 광범위하게 활용되어 왔다. 그러나 프로토콜 분석은 (기사 작성과는 다른) 언론 보도 연구에도 활용될 수 있다. 즉, 연구자는 저널리스트가 사람들과 사건에 관한 이론을 발전시키려고 할 때, 취재원을 찾고 평가하려고 할 때, 그리고 취재원이 제공한 정보를 수용하거나 기각 또는 보완하려고 할 때 그들과 이야기를 나눌 수도 있다.

(취재원과 인터뷰하고 있을 때와 같이) 뉴스를 취재하고 있는 기자에게 말을 거는 것이 불가능한 상황에서 연구자는 저널리스트에게 그들이 취재원을 만나는 상황을 녹화하도록 요청할 수 있다. 또 다른 방법으로는 저널리스트가 뉴스 취재를 마친 즉시 자신들의 메모를 통해 뉴스 취재를 재구성하도록 요청할 수도 있다. 이때 이러한 회고적인 설명은 취재원이 제공한 비교 가능한 설명과 대조하여

검토될 수 있다. 앞서 언급한 바와 같이 스토킹의 연구는 이러한 후자의 방식을 택했다(Stocking & LaMarca, 1989).

저널리스트가 정신적 과정에 대해서 말하도록 하는 데에는 분명 한계가 있다. 니스벳과 윌슨(1977)이 논쟁적인 논문에서 논한 바와 같이, 이러한 정신적 과정의 일부는 의식 수준의 아래에서 작동하며, 그 결과 정신적 과정에 관한 구두 보고가 실제로 작동했던 그 과정에 대해 늘 정확하게 설명해 주지는 않을 것이다. 하지만 이러한 방법은 일정 정도 가치가 있을 수 있다. 예를 들어 기자가 무엇에 "초점을 맞출" 것인가를 결정할 때 저널리스트에게 말을 걸면, 우리는 비록 원시적인 수준일지라도 기자가 어떻게 사람들과 사건에 대해 범주화하고 이론을 세우는지에 대한 통찰력을 얻을 수도 있다. 이와 유사하게 기자가 정보를 평가하고 수용하고 기각하고 보완할 때 그들에게 말을 걸면 그들이 정보를 처리할 때 일상적으로 활용하는 결정 규칙에 대한 통찰력을 얻을 수도 있다.

저널리스트가 자신들이 무슨 생각을 하고 있다고 생각하는지에 대한 체계적인 관찰 연구를 수행한다면, 저널리스트의 사고 과정에서의 오류를 최소화하거나 제거하고자 하는 사람들에게 매우 유용한 데이터를 제공해 줄 수 있을 것이다. 또한 우리도 기자의 생각에 대한 통찰력을 얻을 수 있을 것이다. 이러한 분석의 진정한 가치는 이론을 엄밀하게 시험하는 데 있는 것이 아니라, 피트(Pitts, 1982)가 지적한 바와 같이 미지의 영역을 기술하거나 분류 체계나 가설을 만드는 탐색적 연구에서 유용하다는 것이다.

기자들이 취재행위를 할 때 그들을 관찰하고 그들과 이야기를 나누는 방식으로 새로운 연구를 수행하는 것은 유용할 뿐만 아니라, 현재 부상하는 인지적 관점에서 기존의 관찰 연구를 검토하는 것도 마찬가지로 가치가 있을 것이다. 최근 사회학자들이 수행하는 수많은 관찰 연구(Fishman, 1980 ; Gans, 1980 ; Tuchman, 1978 ; Gitlin, 1980)는 자신들의 연구 결과를 환경적 요인과 관련하여 설명하지만 실제로는 인지적 문제에 상당한 관심을 나타내고 있다.

특히 피시만(Fishman, 1980)은 저널리스트가 어떻게 생각하는지에 관해 관심을 가져왔으며, 심리학자들이 실험 연구에서 상세히 기록한 기본적인 인지적 편향을 설명하는 예들을 반복적으로 이용한다. 예를 들어 경찰의 보도가 사건에서 아무런 단서를 제공해 주지 못할 때, 기자는 통상적인 경찰 보도에 관해 자신이 알고 있는 것에 의존해 지식의 부재가 의미하는 것, 즉 단서가 없다는 것을 추론해 이를 기사에 이용한다는 점에 피시만은 주목했다. 인지 심리학자에게 이는 인지 이론에 근거해 저널리스트가 추론을 도출하는 방식을 설명하는 것일 수 있다.

인지적 관점에서 오래된 관찰 연구를 재검토하는 것은 또 다른 가치가 있다. 그렇게 함으로써 어떻게 환경적 영향들이 그 효과를 나타내는지를 인지적 관점을 통해 더 잘 이해할 수 있으며, 또한 몇몇 사례는 저널리스트의 행동에 대한 설득력 있고 (시험 가능한) 대안적 설명을 제공해 주고 있다는 것을 알 수 있을 것이다. 피시만(1980)이 "뉴스 생산 과정"의 산물이라고 보고한 일부 행동들(예를 들어 기자는 범죄가 급증하고 있지 않음을 보여주는 경찰의 통계를 무시함)은 뉴스룸의 영향을 받지 않는 기자가 어떻게 사고하는가에 따라 나타나는 결과물로 이해될 수도 있다. 우리가 계속해서 언급했듯이, 환경적 영향들이 인지적 편향과 오류에 아무런 영향을 미치지 않는다고 말하는 것이 아니다. 우리가 지적한 바대로 실제로는 환경적 영향이 일부 편향을 심각하게 만들거나 최소화할 수도 있다. 다만 우리가 강조하고 싶은 것은 순수하게 환경적인 시각에서의 연구들보다 인지적 관점에서의 연구가 훨씬 더 많은 시사점을 제공할 수 있다는 것이다.

물론 우리가 인과관계를 보다 더 엄격하게 검증할 수 있도록 하기 위해서는 기술적인 현장 연구descriptive fieldwork에서 실험연구로 이동할 필요가 있다. 외적 타당도의 측면에서는 물론 현장 실험이 이상적일 것이다. 따라서 우리는 저널리스트가 (현재 진행 중인 과학적 합의를 찾아가는 여정에서의 최근 성과를 발표하는 대학 기자 회견과 같은) 계획된 이벤트를 취재하기에 앞서 그들의 신념을 평가하고 그런 다음 그러한 신념이 취재에 어떤 영향을 미치는지 관찰할 수 있다.

또한 학생들을 대상으로 저널리즘 전공 학생들의 판단과 비전공 학생들의 판단을 비교하는 실험실 실험을 수행할 수도 있다. 그러한 실험은 저널리즘의 인지심리학 개발에 관심 있는 사람들과 미래 저널리스트들을 교육하는 사람들 모두에게 가치가 있을 것이다.

(아마도 컴퓨터 자동 처리를 이용한) 업무 회의 현장 즉석에서 수행되는 실험실 실험에 저널리스트들의 참여를 유도하는 것도 바람직할 것이다.

마지막으로, 여기서 제안한 바와 같이 전문가와 초심자 간 차이를 이해하기 위해서 저널리즘 전공 학생들의 정신적 처리 과정과 전문 직업 기자들의 정신적 처리 과정을 비교하는 것은 대단히 흥미로울 수 있다.

의심할 여지 없이 인지적 관점에서 뉴스 생산을 검토하면서, 우리는 심리학자의 실험실에서 개발된 인지 모델은 뉴스룸에서 일어나는 일에 정확하게 부합하지 않는다는 것을 밝혀낼 것이다. 어떻게 이러한 인지 모델들이 부합하지 않는지를 상세하게 기술함으로써 우리는 계속해서 그 모델들을 수정해 나갈 것이며, 그런 다음 그 모델들은 실험을 통해 검증될 수 있을 것이다.

CHAPTER 10
요약 및 결론

저널리스트들은 가장 흔히 볼 수 있는 정보 처리자들이다. 날마다 쏟아지는 많은 정보를 기자들과 편집자들이 어떻게 처리하는지는 뉴스 생산자들이나 뉴스 소비자들 모두에게 매우 큰 관심사이다.

최근까지의 뉴스 생산에 관한 연구들은 인지적 영향은 등한시한 채 뉴스 생산 과정에 영향을 미치는 환경적 요인에 관해서만 역점을 두었었다.

이 같은 홀대를 바로잡기 위한 시론적 시도로 우리는 인지심리학의 한 분야를 살펴봤다. 우리는 이 분야가 뉴스 미디어가 어떻게 현실 세계에 대한 사람들의 생각을 구성하는가를 이해하고자 하는 사람들에게 중요한 통찰력을 제공하고 있음을 알게 되었다. 그 과정에서 우리는 어떻게 인지적 편향과 오류가 은연중에 저널리스트들의 뉴스 생산, 즉, 사람들과 사건을 범주화하고, 그것들에 대한 가설을 세우고 취재원을 선별하고 질문하며, 정보를 선택하고 평가하며, 기억에서 불러오고, 그리고 이렇게 해서 얻은 증거들을 최종 기사로 통합하는 방식에 어떻게 영향을 미쳤는가에 관해 추론해 봤다. 우리는 이러한 추론을 다루는 연구가 필요함을 논의했으며, 그러한 연구가 이미 시작된 분야에 주목했다. 그리고 우리는 환경적 제약이 저널리스트의 정보 처리 과정에 미치는 영향에 관한 연구가 이뤄져야 할 필요성에 대해서도 논의했다. 마지막으로 저널리스트들도 "그릇된" 판단을 초래하는 인지 편향과 오류에 빠질 수 있다는 가정하에, 우리는 그러한 편향과 오류를 없애거나 최소화하는 방법을 찾기 위한 연구에 대해 살펴봤다.

이 책을 쓰면서 우리는 우리의 관심사[40] 가운데 일부는 미디어 편향에 관한 전통적 연구와 매우 유사하다는 것을 알게 되었다. 그러나 우리의 접근 방법은 여러 본질적 측면에서 전통적인 접근 방식과 뚜렷한 차이가 있었다.

첫째, 대부분의 전통적인 편향 연구들은 지각자들의 편향으로부터 자유롭고, 객관적인 현실 세계를 가정한다. 반면 우리는 현실은 적극적으로 구성된다는 현대 사회학자들의 시각과 궤를 같이한다.

둘째, 전통적인 편향 연구가 가치와 태도에 주목하는 반면, 우리는 믿음의 작동 방식에 관심을 둔다. 이 신념은 가치 및 태도와 관계가 있을 수도 있고 그렇지 않을 수도 있다.

셋째, 대부분의 전통적인 편향 연구는 (주로 가치와 태도인) 신념과 미디어 콘텐츠 간 관계에 초점을 둔다. 반면 우리는 저널리스트의 믿음과 뉴스 취재 시 인지 처리 과정에서의 각 단계 간 관계에 주목한다. 뉴스 생산물보다는 뉴스의 생산 과정에 더 역점을 둔다.[41]

마지막으로, 전통적인 편향 연구는 미디어 편향이 저널리스트 개개인이나 그들의 상급자들에서 비롯된다고 가정했으나, 우리는 그 같은 가정을 하지 않는다. 실제, 인지적 관점을 해석할 때, 우리는 현대 사회학의 접근법과 마찬가지로 저널리스트 개개인의 환경 가운데 수많은 요인이 뉴스 생산에 중대한 영향을 미친다고 가정한다. 이러한 환경적 요인들이 저널리스트 개개인의 마음속에서 어떻게 작용하고, 그러한 환경 요인들이 저널리스트의 사고 과정과 연관된 일반적인 편향 과정들에 어떻게 영향을 미치는가는 우리의 관심을 사로잡은 여러 질문 가운데 하나이다.

현대의 인지적 관점에서 저널리스트의 사고 과정을 연구하는 것은 분명 쉽지 않을 것이다. 인지는 직접 관찰될 수 없으며, 인지 과정은 종종 의식의 수준 아래에서 작동한다. 또한 저널리스트의 인지 행동을 연구하는 것은 독자와 수용자의 인지 행동을 연구하는 것보다 더 어려울 수 있다. 저널리스트의 행동을 연구하는 것은 언제나 어려웠으며 그들의 인지 처리 과정을 연구하는 것은 여전히 훨씬 더 도전적이다.[42]

그러나 그러한 문제로 인해 뉴스 생산 연구를 풍부하게 만들 가능성이 있다는 점을 간과해서는 안 된다. 여러 대중매체 연구 영역 중에서도 인지 모델이 상당한 효과를 내기 시작했다(Reeves, Chaffee, & Tims, 1982). 특히 인지 모델은 매스미디어 효과 연구에 전환점을 가져왔다. 다른 무엇보다도 인지 모델은 수용자가 수동적이라는 가정을 수정하도록 만들었으며, 애초에 생각한 것보다 사람들은 훨씬 더 큰 역할을 하고 있다는 것을 깨닫게 해주었다. 또한 인지 모델 덕분에 수용자의 특성이 미디어에 대한 수용자 반응에 어떻게 다르게 영향을 미치는지를 더 정확하게 이해할 수 있게 되었다(Gunter, 1987). 마지막으로 인지 모델은 우리가 새로운 문제들을 밝혀내는 데 유용했으며, 오래된 연구 결과에 대한 설득력 있는 설명을 제공하였다.

수용자와 저널리스트 간에 명백한 차이가 있다는 것은 의심의 여지가 없다. 하지만 인지 모델이 뉴스 생산 연구에서 재평가를 촉발할 수도 있다고 생각하는 것은 흥미롭다. 인지 모델은 뉴스 생산 조직 내에서 저널리스트가 상대적으로 수동적인 행위자라는 지배적인 가정을 바꿀 수 있었다. 인지 모델은 일반적인 커뮤니케이터의 특성이 어떻게 뉴스 생산에 영향을 미치는가를 좀 더 정확하게 이해하는 데 유용하다. 이뿐만 아니라 여러 환경적 요인이 어떻게 영향을 미치는가에 대해 좀 더 정확하게 탐구하도록 우리를 자극할 수도 있다. 적어도 우리가 새로운 질문들을 밝혀내는 데 도움이 되고, 오래된 연구 결과들에 대해 설득력 있고 검증할 수 있는 대안적인 설명을 제공해 줄 수도 있다.

한 가지 분명한 점은 오늘날 뉴스 생산 연구자들이 인지적 관점의 잠재적 효용성에 내해 주목해야 한다는 사실이다.

일반 사람들에게는 최근 심리학자들이 이해하는 바대로 인간의 인지 시스템의 단순화된 개략적인 모델을 제공하는 것이 유익할 것이다. 인간의 정보 처리 체계에 대한 좀 더 상세한 기술은 다음과 같은 연구를 참조하라(Hastie, Ostrom, Ebbessen, Wyer, Hamilton, & Carlston, 1980 ; Estes, 1975 ; Bower, 1974 ; Wyer, 1974).

대부분의 인지심리학자들은 늘어나는 지지 증거들에 근거해 인간의 정보 처리 체계가 2개의 장·단기 기억 센터로 구성되어 있다는 점에 동의할 것이다.

흔히 "작업 기억"이라 부르는 단기 기억은 주로 즉각적인 환경에서 유입된 정보를 유지한다. 단기 기억은 현재 고려 중인 정보로 구성된다. 즉, 바로 지금 개인이 이해하고 있는 것으로 구성되기 때문에 "작업" 기억이라 일컫는다. 개인은 이러한 단기 작업 센터에서의 활동을 집중된 주의력으로 경험할 수 있다. 언급한 바대로 이러한 단기 기억의 용량은 제한적이다. 따라서 우리는 이러한 시스템 안에서 특정 정보는 작업 기억으로 운반하고 나머지 다른 정보들은 무시하도록 작업하는 선별 처리 과정을 발견할 수 있다. 단기 저장 센터에서 일부 정보는 장기 저장 센터로 안내될 것이다. 이러한 장기 기억 센터 안에 우리가 일반적으로 세상에 대한 지식으로 여기는 정보를 저장하게 된다.

우리의 축적된 지식은 범주로 저장된다. 이러한 범주들에서 정보의 표상, 그리고 범주들의 더 큰 조직 구조의 정확한 속성은 아주 최근의 논쟁 주제이다(이에 대해서는 Rosch & Lloyd, 1978 ; Smith & Meadin, 1981 참조). 그러나 일반적으로 사람들은 의자, 고양이 등 어떤 대상에 관한 지식, 그리고 "시나리오script"라 불리는 이 세상에서 일어나고 있는 사건들과 그 전개에 관한 지식을 담고 있는 범주, 그리고 "스키마"나 "고정관념"으로 불리는 개인이나 사회 집단에 관한 지식을 포함하는 범주들을 갖고 있다고 말할 수 있다. 범주 표상은 사건, 사람, 또는 집단의 속성을 포함하며, 어떤 경우에는 사건의 원인과 결과 또는 사람들의 행동에 관한 정보를 포함하기도 한다(Rumelhart & Ortony, 1977 ; Abelson, 1981). 사건의 유형에 관한 특정 사례가 범주 표상에 포함될 수도 있지만, 인지적 범주는 사례나 사건 또는 사람들의 단순한 집합이 아니다. 그보다는 사건에 대해 공유하는 특징들을 보다 추상적인 방식으로 표상한다(Rosch & Lloyd, 1978 ; Smith & Meadin, 1981).

우리가 갖고 있는 일부 범주들은 단순하고 빈약할 것이며, 또 일부는 매우 복잡하고 정교할 것이다(Linville & Jones, 1980 ; Fiske & Kinder, 1981). 그리하여 뉴질랜드 사람에 관한 지식을 담고 있는 특정 범주는 "섬 거주자"나 "영어권"이라는 속성만을 포함할 수 있다. 출산의 과정에 관한 지식을 담고 있는 범주는 임신 기간 나타나는 수많은 특징과 출산 과정에서의 인과적 전개 상황에 관한 정보를 포함하는 등 매우 정교할 것이다. 뉴스 사건을 이해하는 데 이용되는 범주들은 이처럼 단순하거나 복잡할 수 있다.

세상으로부터 유입되는 정보는 이러한 범주들에 추가될 것이고(학습), 단기 기억에 남긴 유입된 정보를 이해하기 위해 장기 기억에 저장된 범주들로부터 정보를 끄집어내어 활용할 것이다(앎 또는 이해). 이렇듯 두 개의 기억 센터는 밀접하게 연결되어 있으며, 상호작용을 한다.

기억 센터와 더불어 인간의 인지 체계는 우리가 바깥 세상과 상호작용할 수 있도록 하는 일련의 과정들을 포함하고 있다고 여겨진다. 이러한 상호작용은 먼저 정보를 지각하여 수용하고, 그러한 정보에 관심을 집중시킴으로써 완성된다. 자극을 단기 기억인 작업 기억으로 진입시키는 이러한 일들을 부호화라 부른다.

추가적인 과정을 통해 개인은 부호화된 정보를 이해할 수 있다. 이러한 과정에는 우리가 현재 고려 중인 자극들을 이해하기 위해 우리가 갖고 있는 범주들에서 정보를 꺼내는 단순한 인출재생 과정, 그리고 유입된 자극의 원인 또는 결과의 평가와 관련된 보다 복잡한 작업이 포함된다. 이러한 복잡한 작업에는 유입된 정보를 조직하고 평가하며, 정교화하고, 나중에 사용하기 위해 소환할 때까지 장기 기억에 둘 부호화된 자극의 양상들을 선별하는 것이 포함된다.

이러한 정보 처리 과정이나 체계가 관여하는 작업이 기억 저장소의 속성과 한계에 따라 좌우된다는 점을 이해할 필요가 있다. 무엇보다 중요한 것은 기억 저장소에서 나온 정보(스키마, 시나리오, 고정관념, 그리고 다른 모든 유형의 범주에 토대를 둔 정보)는 정보 처리 과정에 상당한 영향을 미칠 것이라는 점이다(Taylor & Crocker, 1981 ; Fiske & Taylor, 1984).

| 미주 |

01 신원 미상, 1987.

02 인지의 매개 역할을 이해하지 못하면 환경 요인들을 완전히 이해할 수 없는 것처럼, (반 다이크가 지적한 바대로) 환경 요인들을 이해하지 못하면 개인들의 인지 기능을 이해할 수 없다는 것도 맞는 말이다. (정보 처리를 포함한) 저널리스트의 행동이 환경 요인이나 기자 개인 특유의 요인들로부터 얼마나 영향을 받는가는 서로 별개의 실증적인 문제이다. 그리고 환경적 제약조건들이 큰 영향을 미침에도 불구하고 아직 그에 대한 평가는 없다. 허스크(Hirsch, 1977, 24쪽)가 다른 맥락에서 지적한 바대로, 기자가 조직의 기준보다는 얼마나 개인적 기준에 의거해 결정을 내리는가에 관한 연구가 필요하다.

03 이 책에서 사용된 대부분의 인용들은 모든 것을 포함하기보다는 실례를 보여주는 것임을 주지할 필요가 있다. 각 인용 앞에 "예컨대"나 "예(e.g.)"를 붙이기보다는 대개는 단순하게 괄호 안에 예시적인 인용들을 넣을 것이다.

04 인지과학자들은 "구성" 가정(그리고 만일 현실이 완전히 주관적인 것이 아니라면, 상당 부분은 주관적일 것이라는 수행 추정(attendant assumption))을 공유한다. 또한 오늘날 수많은 사회학자들이 구성 결과물에 관해 기술할 때 평가적인 언어를 사용하기를 꺼리지만, 인지과학자들은 그렇지 않다. 여기서 설명한 인지과학자들의 연구를 관통하는 "편향"과 "오류"라는 단어 안에는 관행적인 인지 처리 과정으로 인해 최선에 미치지 못하는 현실을 구성하게 될 수 있다는 생각이 내재되어 있다. 그러한 구성이 갖는 단점은 그 구성들이 제한적인 범위의 관점들을 포함하

고 있거나, 또는 세상 "저 바깥에(out there)" 무엇이 있는지에 대해 널리 공유되는 합의사항들과 상충하는 정보를 포함하고 있다는 사실을 중심으로 나타나는 것 같다.

05 책 한 권을 할애해 정보가 풍부한 환경에서 사람들이 지름길과 관행을 활용해 어떻게 제 역할을 다하게 되는가에 대해 논할 수도 있다.

06 예를 들어 머레이와 스캔런(Murray & Scanlan, 1986)은 할당, 수집, 집중, 순서, 발전, 명료화라는 6단계 모델을 제공한다. 그레이(Grey, 1972)는 사전 작성, 작성, 재작성, 편집, 완성물이라는 위계 모델을 제공하고 있다. 피시만(Fishman, 1980)은 좀 더 인지적 방식으로 사건 감지, 사건을 유의미하게 해석하기, 사건의 사실적 특성을 탐사하기, 정보를 뉴스 기사로 결합하기를 나열하고 있다. 파르시쟌(Parsigian, 1988)은 개별 저널리스트의 직무에 관해 체계적으로 기술했는데, 저널리스트의 활동이 과학자의 직무와 상응한다는 결론을 내렸다. 즉, 저널리스트는 문제를 언급하고 해당 문제의 배경을 설명하며, 데이터 수집 전략을 설계하고 데이터를 수집·부호화하고 분석하며, 결론을 도출하고 기사를 작성한다.

07 뉴스 선택이 그 자체로 인지적인 일로 여겨질 수 있으나, 뉴스 선택은 이미 수많은 커뮤니케이션 연구자들로부터 엄청난 관심을 받아 왔기 때문에 여기서는 그 문제에 역점을 두지 않을 것이다. 대신 우리는 뉴스 취급과 좀 더 자주 연관되는 인지적 업무에 집중할 것이다. 뉴스 선택 연구에 오늘날의 인지적 관점을 적용하는 데 관심을 두는 연구자들은 케나머(Kennamer, 1988)로 불려진다.

08 〈그림 1〉은 헤스티와 칼스톤(Hastie & Carlston, 1980)의 것을 수정한 것이며, 시스템 절차를 좀 더 완전하게 묘사하기 위해서 독자를 언급하였다.

09 여기에서 인간의 인지에 관한 연구들을 모두 조망하는 일은 너무 광대

한 작업일 것이다. 지난 15년에서 20년 사이에 막대한 양의 연구가 쏟아져 나왔으며, 그중 상당수는 너무나 난해해서 우리 연구 분야에 바로 적용하기가 어렵다.

10 그러한 선호는 수년 전에 인지 일관성 이론가(cognitive consistency theorists)들이 가정한 동기에 기반한 선호와 혼동되어서는 안 된다. 현대 인지심리학자들은 (동기 요인들과 상호작용할 수 있는) 체계적으로 자리 잡은 선호가 훨씬 더 설득력 있다는 점을 밝혀냈다. 이에 대한 상세한 논의는 피스크와 테일러(Fiske & Taylor, 1984) 참조.

11 인지적 구성이 가치와 태도, 그리고 여러 감정과 연관된 개념들로부터 반드시 독립적이어야 할 필요는 없지만, 독립적일 수 있다는 점을 강조하는 것이 중요하다.

12 터크만(Tuchman)은 해당 사건을 사회학적 용어로 해석한다.

13 대표적인 사례는 1982년 미 일리노이주에서 발생한 타이레놀(Tylenol) 청산가리 사건이다. 9월 29일 12살 메리 켈러만은 목이 아프고 콧물이 흘러 타이레놀(Tylenol Extra-Strength)을 복용하였는데, 얼마 후 사망했다. 북부 시카고 지역의 우체부 아담 야누스는 감기로 근처 슈퍼마켓에서 타이레놀을 사서 복용한 후 사망했고, 장례를 위해 모인 그의 남동생과 부인도 두통 때문에 집안에 있던 타이레놀을 복용한 후 사망했다. 이들 외에도 3명의 피해자가 더 있었다. 경찰의 조사 결과 피해자들의 타이레놀 병에 남아 있던 약들에서 치사량의 7배가 넘는 청산가리 성분이 발견되었다. 이 사건 이후로 더욱 복잡하고 어려운 단계를 거쳐 약병을 열도록 하는 포장기술이 개발되었다.

14 과학적 가설 검증 과정에서 나타나는 확증 편향 경향에 관한 연구 문헌으로는 트웨니, 도허티, 마이넷(Tweney, Dogherty, & Mynatt, 1981)을 참조. 어떻게 신념이 그 자체로 현실을 구성하는가에 관한 보다 전반적인 논의를 살펴보려면 스나이더(Snyder, 1984)의 연구를 참조.

15 피험자들에게 스스로 질문을 만들 수 있는 재량을 준 모든 연구에서 모두 이 같은 결과가 나오지는 않았다는 점을 분명히 밝힌다. 다른 연구(스나이더의 연구, 1984)에서는 재량권이 주어진 피험자들이 확증을 이끌어 낼 수 있는 질문들을 만들어 냈다.

16 달리 말하면, 그들은 가설(잠정적인 믿음)로 다루어야 하는데, 이를 가정(맹목적 믿음)인 양 다룰 수 있다(이는 스나이더(1981)의 개념 정의에 따른 것이다). 우리가 저널리즘에서 가설 확증 편향을 탐색하기 시작한 연구들을 살펴볼 때, 가설과 가정을 보다 직접적으로 논할 것이다.

17 터크만(1972)에 따르면, 기자들은 책임 소재 회피를 위해 질문에 인용부호 등을 붙이는데, 이는 보도를 "객관적으로 보이게 해(objectify)" 법적 문제 제기를 방지하기 위한 것일 수 있다.

18 기자들이 닉슨이 손을 떠는 걸 봤다고 나중에 확인해줬다는 사실만으로 우드워드나 번스타인처럼 다른 기자들도 닉슨의 손을 관심 있게 봤다고 할 수는 없다. 기억 편향에 대해서도 논하겠지만, 다른 기자들이 닉슨의 손을 관심 있게 보지 않았지만, 나중에 질문을 받자 그러한 "기억"을 구성했다고도 볼 수 있다.

19 이것 역시 확증 편향으로 볼 수 있다. 왜냐하면 어떤 사람이 갖고 있을 만한 역량에 대한 선험적 가설과 일치하는 방식으로 행동을 분류하고 명명하기 때문이다.

20 인디애나 주 블루밍턴 소재 〈선데이 헤럴드 타임스〉(1985년 9월 8일자), "패터닝(patterning : 근(筋)운동으로부터의 피드백에 의한 정신 지진아 등에 대한 물리 요법)은 뇌가 손상된 아이의 부모에게는 희망이다", E-1, E-8쪽.

21 도너휴와 동료 연구자들은 뉴스 미디어가 "일반적으로 하나의 특정 행위자가 아닌 조직을 보호하도록 길들여진다(17쪽)"는 언론의 "경비견(guard dog)" 역할의 측면에서 이 같은 경향을 논하고 있다.

22 스나이더(1984)는 왜 그러한지를 설명하고, 최초의 연구 결과를 뒷받침하는 자신과 다른 연구자들의 추가 연구를 소개하고 있다.

23 개인 서신, 1988.

24 이는 스나이더의 개념 정의(1984)를 수정한 것이다.

25 (도시의 금연 법령이 실질적인 효과를 내지 못할 수도 있다는 생각처럼) 대부분의 가설은 그 속성상 기술적(記述的)이었다. 하지만 (개발업자들을 위한 특정 비용 구조는 지역사회에는 적합하지 않을 수도 있다는 생각처럼) 다른 가설들은 평가적이었다. 기술적이냐 평가적이냐의 구분은 심리학에서 한때 인기가 있었다(예를 들어 자스트로우(Jastrow, 1927) 참조). 이러한 구분은 지금은 인기가 시들해졌지만, 우리의 목적에는 유용한 구분이다. 이러한 구분을 통해 가설 검증에 관한 심리학적 연구 문헌들을 태도와 행동 간 관계에 관한 연구 문헌들과 바로 연결지을 수 있다.

26 이 개념 정의 또한 스나이더(1984)의 정의를 수정한 것이다.

27 스나이더(1988)의 개인 서신.

28 그러나 이 특정 기자는 매우 경험이 풍부했으며, 특별판 표지에 실리는 "관점(perspective)" 기사에 보통 때보다는 더 많은 시간을 할애했다는 점에 주목해야 한다. 적은 시간을 들이는 노련하지 못한 기자에게 이러한 경우는 해당하지 않을 것이다.

29 괄호 안 삽입 어구의 정보는 파르시잔의 인터뷰 가이드에 포함된 정보이다.

30 개인 서신, 1988.

31 기사에서는 20년으로 보도되었는데, 이는 그 남자가 자신의 신원을 보호하기 위해 연수를 밝히지 말아 달라고 요청했기 때문이다.

32 앞의 미주에서 언급한 바대로, 기사 주제에 대해 저널리스트가 갖는 특정 가설과 가정은 기술적(記述的)이거나 평가적일 수 있는데, 객관성과

관련된 언론 규범을 가정해 볼 때 기술적(記述的) 신념(descriptive beliefs)이 선호되는 것은 놀라운 일이 아니다.

33 우리가 본 바대로 (어떤 취재원과 사회과학자들의 관점에서 보면) 이것은 부정확한 추론이었다. 저널리스트에 의한 그러한 추론이 종종 맞지 않을 수 있다고 생각하는 이유가 있다. 뉴스 취재원이 자신들에 관한 이야기를 안 좋아할 때 그들이 무엇을 하는가에 대한 탐색적 연구에서, 프릿챠드(Pritchard, 1987)는 뉴스 취재원은 자신들에 관한 언론 보도가 잘못되었다고 판단할 때, 그들은 불만을 제기하기보다는 "체념한다는(lump it)" 사실을 발견했다.

34 이 책에서는 인쇄 매체에 초점을 맞춰 다루고 있는데, 이는 인쇄 매체가 우리가 제일 잘 아는 매체이기 때문이다. 그러나 방송 기자들의 경우 기술적 제약조건들이 엄청나며, 그 어떤 것이라도 인지적 편향에 매우 큰 영향을 미칠 것으로 예상할 수 있다.

35 연구자들은 다원적 공동체(pluralistic communities)를 "권력 구조가 보다 다양하게 분산되어 있으며 서로 이해관계가 상충되는 여러 당파들로 이루어진" 공동체로 규정한다(Olien et al., 1989, 12쪽).

36 할린은 "긍정적인" 또는 "부정적인" 합의에 대해서 논하지 않았다는 점을 분명히 할 필요가 있다. 대신에 그는 사람들과 관점들이 점유하고 있는 "합의(consensus)"와 "이탈(deviance)"의 영역에 관해 논했다. 그러나 그가 다룬 두 영역들은 모두 합의와 연관되어 있으며, 그 때문에 여기서 이런 방식으로 논해지고 있는 것이다.

37 "인식된(perceived)"이란 단어는 여기서 중요하다. 연구에 따르면 사람들은 실제 존재하는 것보다 더 많은 합의가 존재하는 것으로 인식한다. 자신의 믿음과 행동의 특유성을 과대평가하는 이러한 경향은 '허위 합의(false consensus)' 효과로 알려져 있으며, 피스크와 테일러(Fiske & Taylor, 1984)의 연구에서 더 상세하게 다뤄지고 있다.

38 이러한 사람들과 관점들은 할린이 "정당한 논쟁의 영역(sphere of legitimate controversy)"이라 부른 것에 해당한다.

39 우리는 이러한 연구에 영감을 준 존 매크매너스(John McManus)에게 감사드린다.

40 확증 편향에 대한 우리의 관심을 의미하는 것이다.

41 그런 점에서 이러한 접근법은 최근 "과정"에 중점을 두는 저널리즘 교육과 일맥상통한다(Fry, 1986 ; Clark, 1986 ; Murray & Scanlan, 1983, 1986 참조).

42 반 다이크(Van Dijk, 1988a)는 그 자신이 저널리스트로부터 협조를 얻으려고 했을 때 맞닥뜨렸던 문제들에 대해 논하고 있다.

| 참고문헌 |

Abelson, R. P. (1981). The psychological status of the script concept, *American Psychologist*, *36*, 715–729.

Abelson, R. P., & Lalljee, M. (1987). Knowledge structures and causal explanation. In D. Hilton (Ed.), *Contemporary science and natural explanation : Commonsense conceptions of causality* (pp. 175–203). Brighton, NY : New York University Press.

Anderson, C. A. (1983). Abstract and concrete data in the perseverance of social theories : When weak data lead to unshakeable beliefs. *Journal of Experimental Social Psychology*, *19*, 93–108.

Bell, B. B., & Loftus, E. F. (1989). Trivial persuasion in the courtroom. *Journal of Personality and Social Psychology*, *56*, 669–679.

Belleza, F. S., & Bower, G. H. (1981). Person stereotypes and memory for people. *Journal of Personality and Social Psychology*, *41*, 856–865.

Benjamin, B. (1988). *Fair play : CBS, General Westmoreland, and how a television documentory went wrong*. New York : Harper & Row.

Bernstein, C., & Woodward, R. (1974). *All the President's men*. New York : Simon and Schuster.

Black, J. B., Galambos, J. A., & Read, S. J. (1984). Comprehending stories and social situations. In R. S. Wyer & T. K. Srull (Eds.), *Handbook of social cognition* (pp. 45-86). Hillsdale, NJ : Erlbaum.

Blundell, W. E. (1986). *Storytelling step by step : A guide to better feature writing*. New York : Dow Jones.

Blundell, W. E. (1988). *The Art and Craft of Feature Wri ting : Based on The Wall Street Journal Guide*. New York : New American Library.

Bower, G. H. (Ed.). (1974). *The psychology of learning and motivation*. New York : Academic Press.

Bower, G. H., Black, J. B., & Turner, T. J. (1979). Scripts in memory for text. *Cognitive Psychology*, *11*, 177-220.

Boyer, J. H. (1981). How editors view objectivity. *Journalism Quarterly*, *58*, 24-28.

Branscombe, N. R. (1989, May). Involvement, complexity, and the use of heuristics in social judgment. Invited presentation at the Midwestern Psychological Association, Chicago.

Bransford, J. D., & Franks, J. J. (1971). The abstraction of linguistic ideas. *Cognitive Psychology*, *2*, 331-350.

Breed, W. (1955). Social control in the newsroom : A functional analysis. *Social Forces*, *33*, 326-335.

Cantor, N., & Mischel, W. (1977). Traits as prototypes. Effects on recognition memory. *Journal of Personality and Social Psychology*, *35*, 38-48.

Chapman, L. J., & Chapman, J. P. (1969). Illusory correlation as an obstacle to the use of valid psychodiagnostic signs. *Journal of Abnormal Psychology*, *14*, 271–280.

Chi, M. T. H., & Glaser, R. (1979, April). Encoding process characteristics of experts and novices in physics. Paper presented at the American Educational Research Association, San Francisco.

Chomsky, N. (1985). Beyond the bounds of unthinkable thought. *The Progressive*, *49*, 28–31.

Clark, L. F., & Woll, S. B. (1981). Stereotype biases : A reconstructive analysis of their role in reconstructive memory. *Journal of Personality and Social Psychology*, *41*, 1064–1072.

Clark, R. P. (1986). On writing, coaching and the Lamaze method. *APME News*, *159*, 17–19.

Combs, B., & Slovic, P. (1979). Newspaper coverage of causes of death. *Journalism Quarterly*, *56*, 837–843.

Crouse, T. (1973). *The boys on the bus*. New York : Ballantine.

Croxton, J. S., Eddy, T., & Morrow, N. (1984). Memory biases in the reconstruction of interpersonal encounters. *Journal of Social and Clinical Psychology*, *2*, 348–354.

Darley, J. M., & Gross, P. H. (1983). A hypothesis-confirming bias in labeling effects. *Journal of Personality and Social Psychology*, *44*, 20–33.

DeFrank, T. M. (1987, July 13). Not with a bang. *Newsweek*, p. 14. "A Dole in the 'fast track'!" (1987, June 15). *Newsweek*, p. 7.

Donohue, G. A., Olien, C. N., & Tichenor, P. J. (1987, August). A "guard dog" conception of mass media. Paper presented at the Association for Education in Journalism and Mass Communication, San Antonio.

Donohue, G. A., Tichenor, P. J., & Olien, C. N. (1989). Media and protest. In L. Grunig and J. Grunig, (Eds.), *Environmental activism revisited. Monographs in environmental education and environmental studies* (Vol. 5) (pp. 22-39). Troy, OH : North American Association for Environmental Education.

Duncan, S. L. (1976). Differential social perception and attribution of intergroup violence : Testing the lower limits of stereotyping of blacks. *Journal of Personality and Social Psychology, 34*, 590-598.

Dunwoody, S. (1981). The science writing inner club : A communication link between science and the lay public. In G. C. Wilhoit & H. deBock, (Eds.), *Mass communication review yearbook* (Vol. 2) (pp. 351-359). Beverly Hills, CA : Sage.

Einhorn, H. J., & Hogarth, R. M. (1982). *A theory of diagnostic inference : II. Judging causality*. (Technical Report). Graduate School of Business Center for Decision Research, University of Chicago.

Elliott, P. (1972). *The making of a television series—A case study in the production of culture*. London : Constable.

Epstein, E. J. (1973). *News from nowhere : Television and the news*. New York : Random House.

Ericsson, K. A., & Simon, H. A. (1984). *Protocol analysis : Verbal reports as data*. Cambridge, MA : The MIT Press.

Estes, W. K. (Ed.). (1975). *Handbook of learning and cognitive processes*. (Vol. 1). Hillsdale, NJ : Erlbaum.

Ettema, J. S., & Glasser, T. L. (1985). On the epistemology of investigative journalism. *Communications*, *8*, 183–206.

Fazio, R. (1986). How do attitudes guide behavior? In R. M. Sorrentino & E. T. Higgins, (Eds.), *Handbook of motivation and cognition* (pp. 204–243). New York : Guilford.

Fazio, R. H., & Herr, P. M. (1984). On the role of selective perception in the attitude–behavior process. Unpublished manuscript, Indiana University, Bloomington, IN.

Fazio, R. H., Powell, M. C., & Herr, P. M. (1983). Toward a process model of the attitude–behavior relation : Accessing one's attitude upon mere observation of the attitude object. *Journal of Personality and Social Psychology*, *44*, 723–735.

Fico, F. (1984a). A comparison of legislative sources in newspaper and wire service stories. *Newspaper Research Journal*, *5*, 35–44.

Fico, F. (1984b). Newspaper coverage of parttime and fulltime legislatures. *Newspaper Research Journal*, *6*, 49–57.

Fischhoff, B., & Beyth, R. (1975). "I knew it would happen": Remembered probabilities of once future things. *Organizational Behavior and Human Performance, 13*, 1–16.

Fischhoff, B., Slovic, P., & Lichtenstein, S. (1977). Knowing with certainty : The appropriateness of extreme confidence. *Journal of Experimental Psychology : Human Perception and Performance, 3*, 552–564.

Fishman, M. (1980). *Manufacturing the news*. Austin : University of Texas Press.

Fiske, S. T., & Kinder, D. R. (1981). Involvement, expertise, and schema use : Evidence from political cognition. In N. Cantor & J. Kihlstrom (Eds.), *Personality, cognition and social interaction* (pp. 171–190). Hillsdale, NJ : Erlbaum.

Fiske, S. T., Kinder, D., & Larter, W. M. (1983). The novice and the expert : Knowledge-based strategies in political cognition. *Journal of Experimental and Social Psychology, 19*, 381–400.

Fiske, S. T., & Pavelchak, M. A. (1986). Category-based versus piecemeal-based affective responses : Developments in schema-triggered affect. In R. M. Sorrentino & E. T. Higgins, (Eds.), *Handbook of motivation and cognition* (pp. 167–203). New York Guilford.

Fiske, S. T., & Taylor, S. E. (1984). *Social cognition*. Reading, MA : Addison-Wesley.

Foersterling, F., & Groenvald, A. (1983). Attributions for election results : A study of attributional hypothesis in a field study of Lower Saxony community elections (in German). *Zeitschrift für Socialpsychologie*, *14*, 262−269.

Franklin, J. (1987). Myths of literary journalism : A practitioner's perspective. *Journalism Educator*, *44*, 8−13.

Fry, D. (1986). The difference between editing and coaching. *APME News*, *159*, 17−19.

Gandy,. O. H., Jr. (1982). *Beyond agenda−setting : Information subsidies and public policy*. Norwood, NJ : Ablex.

Gans, H. J. (1980). *Deciding what's news : A study of CBS Evening News, NBC Nightly News, Newsweek and Time*. New York : Vintage.

Gilbert, D. T., & Jones, E. E. (1986). Perceiver−induced constraint : Interpretations of self−generated reality. *Journal of Personality and Social Psychology*, *50*, 269−280.

Gilovich, T. (1981). Seeing the past in the present : The effect of associations to familiar events on judgments and decisions. *Journal of Personality and Social Psychology*, *40*, 797−808.

Gitlin, T. (1980). *The whole world is watching : Mass media in the making and unmaking of the new left*. Berkeley, CA : University of California Press.

Graber, D. (1988). *Processing the news : How people tame the information tide* (2nd ed.). New York : Longman.

Graesser, A. C., & Black, J. B. (1985). *The psychology of questions*. Hillsdale, NJ : Erlbaum.

Graesser, A. C., Woll, S. B., Kowalski, D. J., & Smith, D. A. (1980). Memory for typical and atypical actions in scripted activities. *Journal of Experimental Psychology : Human Learning and Memory*, *6*, 503–515.

Grey, D. L. (1972). *The writing process : A behavioral approach to communicating information and ideas*. Belmont, CA : Wadsworth.

Gross, P. H., & Darley, J. M. (in review). The reversal of standard stereotype effects. *Journal of Personality and Social Psychology*.

Gunter, B. (1987). *Poor reception : Misunderstanding and forgetting broadcast news*. Hillsdale, NJ : Erlbaum.

Hallin, D. (1989). *The uncensored war : The media in Vietnam*. Berkeley : University of California Press.

Hamill, R., Wilson, T. D., & Nisbett, R. E. (1980). Insensitivity to sample bias : Generalizing from atypical cases. *Journal of Personality and Social Psychology*, *39*, 578–589.

Hamilton, D. L., & Gifford, R. K. (1976). Illusory correlation in interpersonal perception : A cognitive basis of stereotypic judgments. *Journal of Experimental Social Psychology*, *12*, 392–407.

Hastie, R., & Carlston, D. (1980). Theoretical issues in person memory. In R. Hastie, T. M. Ostrom, E. B.

Ebbesen, R. S. Wyer, D. L. Hamilton, & D. E. Carlston (Eds.), *Person memory : The cognitive basis of social perception* (pp. 1–53). Hillsdale, NJ : Erlbaum.

Hastie, R., & Kumar P. A. (1979). Person memory : Personality traits as organizing principles in memory for behaviors. *Journal of Personality and Social Psychology, 37*, 25–38.

Hastie, R., Ostrom, T. M., Ebbesen, E. B., Wyer, R. S., Hamilton, D. L., & Carelson, D. E. (1980). *Person memory : The cognitive basis of social perception*. Hillsdale, NJ : Erlbaum.

Hastorf, A. H., & Cantrill, H. (1954). They saw a game : A case study. *Journal of Abnormal and Social Psychology, 97*, 399–401.

Hayden, T., & Mischel, W. (1976). Maintaining trait consistency in the resolution of behavioral inconsistency : The wolf in sheep's clothing? *Journal of Personality and Social Psychology, 44*, 109–132.

Hayes, J. R., & Flower, L. S. (1986). Writing research and the writer. *American Psychologist, 41*, 1106–1113.

Henry, W. (1983, December 12). Journalism under fire. *Time*, pp. 76–93.

Herman, E. S., & Chomsky, N. (1988). *Manufacturing consent : The political economy of the mass media*. New York : Pantheon.

Hetherington, A. (1985). *News, newspaper and television*.

London : Macmillan.

Higgins, E. T., King, G. A., & Mavin, G. H. (1982). Individual construct accessibility and subjective impressions and recall. *Journal of Personality and Social Psychology, 43*, 35–47.

Higgins, E. T., Rholes, W. S., & Jones, C. R. (1977). Category accessibility and impression formation. *Journal of Experimental Social Psychology, 13*, 141–154.

Hirsch, P. M. (1977). Occupational, organizational, and institutional models in mass media research : Toward an integrated framework. In P. M. Hirsch, P. V. Miller, & K. G. Kline, (Eds.), *Strategies for communication research* (pp. 13–42). Beverly Hills, CA : Sage.

Houston, D. A., & Fazio, R. H. (1989). Biased processing as a function of attitude accessibility : Making objective judgments subjectively. *Social Cognition, 7*, 51–66.

Jastrow, J. (1927). The animus of psychical research. In C. Murchison (Ed.), *The case for and against psychical belief*. Worcester, MA : Clark University Press. Cited in Rokeach, M. (1972). *Beliefs, attitudes, and values : A theory of organization and change*. San Francisco : Jossey-Bass.

Jones, E. E. (1979). The rocky road from acts to dispositions. *American Psychologist, 64*, 300–305.

Jones, E. E., & Harris, V. A. (1967). The attribution of attitudes. *Journal of Experimental Social Psychology, 3*, 1–24

Judd, C. M., & Kulik, J. A. (1980). Schematic effects of social attitudes on information processing and recall. *Journal of Personality and Social Psychology*, *38*, 569-578.

Kennamer, J. D. (1988). News values and the vividness of information. *Written Communication*, *5*, 108-123.

Kruglanski, A. W. (in press). *Basic processes in social cognition : A theory of lay epistemology*. New York : Plenum.

Kruglanski, A. W., & Freund, T. (1983). The freezing and unfreezing of lay inferences : Effects on impressional primacy, ethnic stereotyping and numerical anchoring. *Journal of Experimental Social Psychology*, *19*, 448-468.

Lacy, S., Pico, F., & Simon, T. (in press). The relationships among economic, newsroom and content variables. *Journal of Media Economics*.

Lalljee, M., & Abelson, R. P. (1983). The organization of explarations. In M. Hewstone, (Ed.), *Attribution theory : Social and functional extensions* (pp. 65-80). Oxford : B. Blackwell.

Larkin, S. H., McDermott, S., Simon, D. P., & Simon, H. A. (1980). Models of competence in solving physics problems. *Science*, *208*, 1335-1343.

Lau, R. R. (1984). Dynamics of the attribution process. *Journal of Personality and Social Psychology*, *46*, 1017-1028.

Lau, R. R., & Russell, D. (1980). Attributions in the sports pages : A field test of some current hypotheses in attribution research. *Journal of Personality and Social Psychology*, *39*, 29–38.

Leary, M. R. (1982). Hindsight distortion and the 1980 Presidential election. *Personality and Social Psychology Bulletin*, *8*, 257–263.

Leddo, J., Abelson, R. P., & Gross, P. H.(1984). Conjunctive explanations : When two reasons are better than one. *Journal of Personality and Social Psychology*, *47*, 933–943.

Linville, P. W., & Jones, E. E. (1980). Polarized appraisals of outgroup members. *Journal of Personality and Social Psychology*, *38*, 689–703.

Loftus, E. F. (1979). *Eyewitness testimony*. Cambridge, MA : Harvard University Press.

Loftus, E. F., & Palmer, J. C. (1973). Reconstruction of automobile destruction : An example of the interaction between language and memory. *Journal of Verbal Learning and Verbal Behavior*, *13*, 585–589.

Lord, C. G., Lepper, M. R., & Thompson, W. C. (1980, September). Inhibiting biased assimilation in the consideration of new evidence on social policy issues. Paper presented at the meeting of the American Psychological Association, Montreal.

Lord, C. G., Ross, L., & Lepper, M. R. (1979). Biased assimilation and attitude polarization : The effects of prior theories on subsequently considered evidence. *Journal of Personality and Social Psychology*, *37*, 2098–2109.

MacDougall, C. D. (1982). *Interpretative reporting* (8th ed.). New York : Macmillan.

McCombs, M. E., & Shaw, D. L. (1976). Structuring the "unseen environment." *Journal of Communication*, *26*, 18–21.

Mencher, M. (1987). Journalists should find truth before search starts for beauty. *Journalism Educator*, *42*, 11–17.

Meyer, P. (1987). *Ethical journalism* (pp. 191–195). White Plains, NY : LongMan.

Miller, M. W. (1987, June 19). Seldom seen now, Boesky nevertheless leaves a few tracks. *The Wall Street Journal*, pp. 1, 12.

Morgan, M. P. (1989). *A study of ethics codes at the Indiana polis newspapers*. Unpublished master's thesis. Indiana University School of Journalism, Bloomington, IN.

Murray, D. M., & Scanlan, C. (1983). Process approach to newswriting. In C. Scanlan (Ed.). *How I wrote the story : A book for writers by writers about writing* (pp. 1–4) (1st ed). Providence, RI : The Providence Journal Company.

Murray, D. M., & Scanlan, C. (1986). The process approach. In C. Scanlan (Ed.), *How I wrote the story : A book for writers by writers about writing* (pp. 3–8) (2nd ed.). Providence, Ri : The Providence Journal Company.

Myers, D. G. (1987). *Social psychology* (2nd ed.). New York : McGraw-Hill.

Nelkin, D. (1987). *Selling science : How the press covers science and technology*. New York : W. H. Freeman.

Nisbett, R. E., & Borgida, E. (1975). Attribution and the psychology of prediction. *Journal of Personality and Social Psychology, 32*, 932-943.

Nisbett, R. E., & Ross, L. (1980). *Human inference : Strategies and shortcomings of social judgment*. Englewood Cliffs, NJ : Prentice Hall.

Nisbett, R. E., & Wilson, T. D. (1977). Telling more than we can know : Verbal reports on mental processes. *Psychological Review, 84*, 231-259.

Nord, D. P. (1985). The ideology of the press : Why press bias isn't what it appears to be. *The Cresset, 49*, 14-17.

Olien, C. N., Tichenor, P. J., Donohue, G. A., Sandstom, K. L., & McLeod, D. M. (1989, May). Community structure and editor opinions about planning. Paper presented to the American Association for Public Opinion Research, St. Petersburg, FL.

Parsigian, E. K. (1988). News reporting : Method in the midst of chaos. *Journalism Quarterly, 64*, 721-730.

Pitts, B. J. (1982). Protocol analysis of the newswriting process. *Newspaper Research Journal, 4*, 12-21.

Read, S. J. (1986). Constructing causal scenarios : A knowledge structure approach to causal reasoning. Unpublished manuscript, University of Southern California.

Reeves, B., Chaffee, S. H., & Tims, A. (1982). Social cognition and mass communication research. In M. E. Roloff & C. R. Berger (Eds.), *Social cognition and communication* (pp. 287–326). Beverly Hills, CA : Sage.

Rogoff, B., & Lave, J. (1984). *Everyday cognition : Its development in social context*. Cambridge, MA : Harvard University Press.

Rosch, E., & Lloyd, B. B. (Eds.). (1978). *Cognition and categorization*. Hillsdale, NJ : Erlbaum.

Ross, L. (1977). The intuitive psychologist and his shortcomings : Distortions in the attribution process. In L. Berkowitz, (Eds.), *Advances in experimental social psychology* (Vol. 10) (pp. 174–220). New York : Academic Press.

Ross, L. D., Amabile, T. M., & Steinmetz, J. L. (1977). Social roles, social control, and biases in social perception processes. *Journal of Personality and Social Psychology*, *35*, 485–494.

Ross, L., Lepper, M. R., & Hubbard, M. (1975). Perseverance in self–perception and social perception : Biased attribution processes in the debriefing paradigm. *Journal of Personality and Social Psychology*, *32*, 880–892.

Ross, M., McFarland, C., & Fletcher, G. S. O. (1981). The

effect of attitude on the recall of personal histories. *Journal of Personality and Social Psychology, 10*, 627-634.

Rumelhart, D. E., & Ortony, A. (1977). The representation of knowledge in memory. In R. C. Anderson, R. J. Spiro, & W. E. Montague, (Eds.), *Schooling and the acquisition of knowledge* (pp. 99-135). Hillsdale, NJ : Erlbaum.

Schneider, W., & Shiffrin, R. M. (1977). Controlled and automatic human information processing : I. Detection, search, and attention. *Psychological Review, 84*, 1-66.

Shaklee, H., & Fischoff, B. (1977). *Discounting multicausal attribution : The principle of minimal causation* (Report No. 77-11). Eugene, OR : Decision Research.

Shank, R. C., & Abelson, R. P. (1977). *Scripts, plans, goals and understanding*. Hillsdale, NJ : Erlbaum.

Shiffrin, R. M., & Schneider, W. (1977). Controlled and automatic human information processing : II. Perceptual learning, automatic attending, and general theory. *Psychological Review, 84*, 127-190.

Shoemaker, P. J. (1987). Building a theory of news content : A synthesis of current approaches. *Journalism Monographs*, No. 103.

Sigelman, L. (1973). Reporting the news : An organizational analysis. *American Journal of Sociology, 79*, 132-151.

Sims, H., & Gioia, D. A. & Associates. (1986). *The thinking organization*. San Francisco : Jossey Bass.

Slovic, P. (1986). Informing and educating the public about risk. *Risk Analysis*, *6*, 403–415.

Slavic, P. & Fischoff, B. (1977). On the psychology of experimental surprises. *Journal of Experimental Psychology : Human Perception and Performance*, *3*, 544–551.

Smith, D. A, & Graesser, A. C. (1981). Memory for actions in scripted activities as a function of typicality, retention interval, and retrieval task. *Memory and Cognition*, *9*, 550–559.

Smith, E. E., & Meadin, D. L. (1981). *Categories and concepts*. Cambridge, MA : Harvard University Press.

Snyder, M. (1984). When belief creates reality. *Advances in Experimental Social Psychology*, *18*, 247–305.

Snyder, M., & Cantor, N. (1979). Testing hypotheses about other people : The use of historical knowledge. *Journal of Experimental Social Psychology*, *15*, 330–342.

Snyder, M., & Gangestad, S. (1981). Hypothesis–testing processes. In J. H. Harvey, W. Ickes, & R. F. Kidd, (Eds.), *New directions in attribution research* (pp. 171–195) Hillsdale, NJ : Erlbaum.

Snyder, M., & Swann, W. B., Jr. (1978). Hypothesis–testing processes in social interaction. *Journal of Personality and Social Psychology*, *36*, 1202–1212.

Snyder, M., Tanke, E. D., & Bersheid, E. (1977). Social perception and interpersonal behavior : On the self-fulfilling nature of social stereotypes. *Journal of Personality and Social Psychology*, *35*, 656-666.

Snyder, M., & Uranowitz, S. W. (1978). Reconstructing the past : Some cognitive consequences of person perception. *Journal of Personality and Social Psychology*, *36*, 941-950.

Society of Professional Journalists/Sigma Deta Chi. (1987). Code of Ethics.

Stevenson, R. L., & Greene, M. T. (1980). A reconsideration of bias in the news. *Journalism Quarterly*, *57*, 115-121.

Stocking, S. H. (1989a). Applications of cognitive psychology to environmental communication : Toward a cognitive psychology of journalism. In L. Grunig & J. Grunig (Eds,), *Environmental activism revisited*. Monographs in environmental education and environmental studies (Vol. V) (pp. 125-137). Troy, OH : North American Association for Environmental Education.

Stocking, S. H. (1989b, May). Processing the news : Toward a cognitive psychology of journalism. Invited presentation to Midwestern Psychological Association, Chicago.

Stocking, S. H., & LaMarca, N. (1989, May). How journalists describe their stories : Hypotheses and assumptions in newsmaking. Paper presented to the Mass Communication Division, International Communication Association, San Francisco.

Swann, W. B., Jr., Giulano, T., & Wegner, D. M. (1982). Where leading questions can lead : The power of conjecture in social interaction. *Journal of Personality and Social Psychology*, *42*, 1025–1035.

Swann, W. B., Jr., & Snyder, M. (1980). On translating beliefs into action : Theories of ability and their application in an instructional setting. *Journal of Personality and Social Psychology*, *38*, 879–888.

Tankard, J. (1976). Reporting and the scientific method. In M. McCombs, D. L. Shaw, D. Grey (Eds.), *Handbook of reporting methods* (pp.51–52). Boston : Houghton Mifflin.

Taylor, S. E. (1981). A categorization approach to stereotyping. In D. L. Hamilton (Ed.), *Cognitive processes in stereotyping and intergroup behavior*. (pp. 83–114). Hillsdale, NJ : Erlbaum.

Taylor, S. E, & Crocker, J. (1981). Schematic bases of social information processing. In E. T. Higgins, C. D. Herman, & M. P. Zanna (Eds.), *Social cognition : The Ontario symposium* (Vol. 1) (pp. 89–134). Hillsdale, NJ : Erlbaum.

Taylor, S. E., & Thompson, S. C. (1982). Stalking the elusive "vividness" effect. *Psychological Review*, *89*, p. 155–181.

Tichenor, P. J., Donohue, G. A., & Olien, C. N. (1980). *Community conflict and the press*. Beverly Hills, CA : Sage.

Trillin, C. (1986, February 17). Covering the cops. *The New Yorker*, pp. 39–57.

Trope, Y., & Bassok, M. (1982). Confirmatory and diagnosing strategies in social information gathering. *Journal of Personality and Social Psychology, 43*, 22–34.

Tuchman, G. (1978). *Making news : A study in the construction of reality*. New York : The Free Press.

Tuchman, G. (1972). Objectivity as a strategic ritual : An examination of newsmen's notions of objectivity. *American Journal of Sociology, 77*, 660–679.

Tversky, A., & Kahneman, D. (1978). Causal schemata in judgments under uncertainty. In M. Fishbein (Ed.), *Progress in social psychology* (pp. 49–72). Hillsdale, NJ : Erlbaum.

Tversky, A., & Kahneman, D. (1974). Judgment under uncertainty : Heuristics and biases. *Science, 185*, 1124–1131.

Tweney, R. D., Dogherty, M., & Mynatt, C. R. (Eds.). (1981). *On scientific thinking*. New York : Columbia University Press.

van Dijk, T. A. (1983). Discourse analysis : Its development and application to the structure of news. *Journal of Communication, 33*, 20–43.

van Dijk, T. A. (1988a). *News discourse*. Hillsdale, NJ : Erlbaum.

van Dijk, T. A. (1988b). *News analysis : Case studies of*

international and national news in the press : Lebanon, ethnic minorities and squatters. Hillsdale, NJ : Erlbaum.

VanSlyke Turk, J. (1986). Information subsidies and media content : A study of public relations influence on the news. *Journalism Monographs*, No. 100.

Wason, P. C., & Johnson-Laird, P. N. (1965). *Psychology of reasoning : Structure and content*. London : Batsford.

Wearden, S. T. (1987, August). Attitudes of North Carolina legislators and statehouse reporters regarding the use of anonymous sources—A coorientation study. Paper presented to the Communication Theory and Methodology Division of the Association for Education in Journalism and Mass Communication, San Antonio, TX.

Weaver, D. H., & Wilhoit, G. C. (1986). *The American journalist : A portrait of U.S. news people and their work*. Bloomington, IN : Indiana University Press.

Whitney, D. C. (1982). Mass communicator studies : Similarity, difference, and level of analysis. In J. S. Ettema & D. C. Whitney (Eds.), *Individuals in mass media organizations : Creativity and constraint* (pp. 241-254). Beverly Hills, CA : Sage.

Wiener, B. (1985). "Spontaneous" causal thinking. *Psychological Bulletin, 97*, 74-84.

Weir, D., & Noyes, D. (1983). *Raising hell : How the Center for Investigative Reporting gets the story*. Reading, MA :

Addison-Wesley.

White, D. M. (1950). The gatekeeper : A case study in the selection of news. *Journalism Quarterly*, *27*, 383-390.

Wilder, D. A., & Allen, V. L. (1978). Group membership and preference for information about others. *Personality and Social Psychology Bulletin*, *4*, 106-110.

Wilhoit, G. C., & Weaver, D. H. (1980). *Newsroom guide to polls & surveys*. Washington, DC : American Newspaper Publishers Association.

Wyer, R. S., Jr. (1974). *Cognitive organization and change : An information processing approach*. Potomac, MD : Erlbaum.

Wyer Jr., R. S., & Gordon, S. E. (1982). The recall of information about persons and groups. *Journal of Experimental Social Psychology*, *18*, 128-164.

Wyer, R. S., Jr., Srull, T. K., Gordon, S. E., & Hartwick, J. (1982). Effects of processing objectives on the recall of prose material. *Journal of Personality and Social Psychology*, *43*, 674-688.